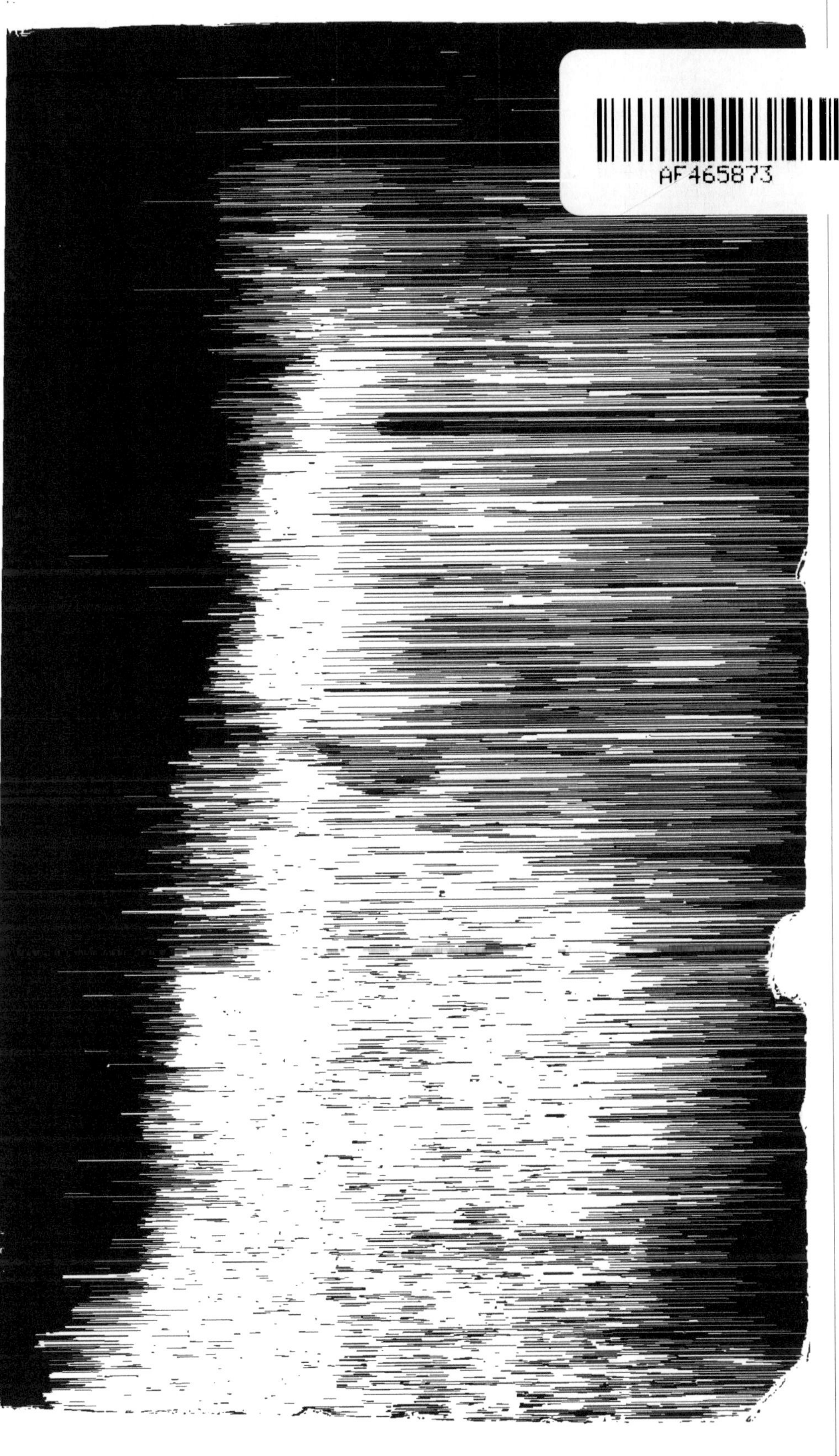

LE

CHRISTIANISME AU JAPON

PAR M. LE COMTE DE LAMBEL

LIBRAIRIE DE J. LEFORT

IMPRIMEUR, ÉDITEUR

LILLE
rue Charles de Muyssart, 24
PRÈS L'ÉGLISE NOTRE-DAME

PARIS
rue des Saints-Pères, 30
J. MOLLIE, LIBRAIRE-GÉRANT

LE

CHRISTIANISME AU JAPON

In-8° 1re série.

CHEZ LE MÊME ÉDITEUR

☞ En joignant à la demande des timbres-poste, on reçoit *franco*

VOLUMES IN-8°

à 2 fr. 50 c. le vol.

CHATEAU (le) DE BOIS-LE-BRUN, ou la Famille mixte; par S. Bigot.

CHINE (la) ET LA COCHINCHINE; par J. J. E. Roy.

CONSTANTINOPLE : depuis Constantin jusqu'à nos jours; par M. de Montrond.

DIEU, le Christ, son Eglise, ses Sacrements; par M. l'abbé Petit, vicaire général de la Rochelle.

DORSIGNY (les), ou Deux Educations; par S. Bigot. 2e édition.

ÉTUDES ET PORTRAITS; par M. Poujoulat.

FLEURS DES MARTYRS AU XIXe SIÈCLE; Chine et Cochinchine; par A. S. de Doncourt.

LACORDAIRE (le P.); par M. de Montrond. 2e édition.

LAURE DE CERNAN; par Melle S. Bigot.

MODÈLES les plus illustres dans le sacerdoce et la religion.

MGR AUVERGNE : ses voyages au mont Liban, au Sinaï, à Rome, etc.

MUSICIENS (les) les plus célèbres; par M. de Montrond.

NAPLES : histoire, monuments, beaux-arts, littérature. L. L. F.

POËTES les plus célèbres : français, italiens, anglais, espagnols.

SAINT AMBROISE; sa vie et extraits de ses écrits.

SAINT ATHANASE; sa vie et extraits de ses écrits.

SAINT AUGUSTIN; sa vie et extraits de ses écrits.

SAINT BASILE; sa vie et extraits de ses écrits.

SAINT BERNARD; sa vie et extraits de ses écrits.

SAINT CYPRIEN; sa vie et extraits de ses écrits.

SAINT GRÉGOIRE DE NAZIANZE; sa vie et extraits de ses écrits.

SAINT JEAN-CHRYSOSTOME; sa vie et extraits de ses écrits.

SAINT JÉROME; sa vie et extraits de ses écrits.

SAINT LAURENT, diacre et martyr; par M. l'abbé Labosse. 4 *grav.*

SAINT MARTIN, évêque de Tours; par M. de Montrond.

SAVANTS (les) LES PLUS CÉLÈBRES; par le même.

SICILE (la) : récits et légendes; par M. l'abbé V. Postel. 2e édition.

SYRIE (la) en 1860 et 1861 : massacres du Liban et de Damas, et l'expédition française; par M. l'abbé Jobin.

VARIÉTÉS LITTÉRAIRES; par M. Poujoulat.

VENDEVILLE (Mgr), évêque de Tournai; par le R. P. Possoz.

WISEMAN (le cardinal) : étude biographique, par M. de Montrond.

Je suis chrétien !

LE

CHRISTIANISME

AU JAPON

PAR M. LE COMTE DE LAMBEL

LIBRAIRIE DE J. LEFORT

IMPRIMEUR, ÉDITEUR

LILLE
rue Charles de Muyssart, 24
PRÈS L'ÉGLISE NOTRE-DAME

PARIS
rue des Saints-Pères, 30
J. MOLLIE, LIBRAIRE-GÉRAN

Le christianisme au Japon

Cabasson del. *Lefort, Edit.* *Mouton sc.*

Je suis chrétien !

LE

rue Charles de Muyssart, 24
PRÈS L'ÉGLISE NOTRE-DAME

rue des Saints-Pères, 30
J. MOLLIE, LIBRAIRE-GÉRAN

PRÉFACE

Les missionnaires qui s'expatrient pour aller annoncer aux infidèles la parole divine, et les martyrs qui acceptent la mort plutôt que de renoncer à l'Evangile, donnent d'héroïques exemples propres à retremper les caractères, à élever les intelligences et à fortifier la foi. A ces points de vue, l'histoire du catholicisme au Japon présente un haut intérêt. Elle se compose d'une série de faits très-édifiants et vraiment dignes d'admiration. Aussi a-t-elle été déjà plusieurs fois publiée. On sait que le R. P. Daniel Bartoli l'a fait connaître à ses contemporains; le P. Charlevoix, mettant à profit les travaux du P. Bartoli, a composé un ouvrage plus complet que le premier à certains égards et aussi plus spécial. De nos jours, MM. Gaume, et plus récemment M. Lefort, ont édité des abrégés du P. Charlevoix; ces livres figurent encore dans un bon nombre de bibliothèques populaires; mais ils sont épuisés. On leur reprochait d'ailleurs des longueurs, une monotonie qui diminuaient l'intérêt, et des inexactitudes que des documents très-récents ont permis de rectifier.

Il y a peu d'années, M. Léon Pagès, ancien attaché de légation en Chine, a publié sur le Japon, une petite partie de son histoire générale encore inachevée. Cet extrait d'un ouvrage important concerne les vingt-six martyrs japonais qui furent canonisés en 1862 [1]. M. Maxime de Montrond a raconté aussi leur biographie et a su l'encadrer dans le gracieux récit

[1] MM. les abbés Bouix et Chapia leur ont consacré deux ouvrages remarquables par leur érudition.

de son pèlerinage à Rome. Ces études partielles ont éclairé nos recherches et appellent notre gratitude ; mais elles ne sauraient remplacer un tableau d'ensemble, ni tenir lieu de notions générales.

Notre travail tend donc à combler une lacune et à occuper une place vide dans les glorieuses annales de l'Eglise.

LE

CHRISTIANISME AU JAPON

CHAPITRE PREMIER

Notions géographiques et agricoles sur l'empire japonais. — Habitudes, mœurs, caractère des habitants. — Trait de piété filiale. — Gouvernement, administration et police. — Industries, arts et littérature. — Autorité spirituelle; deux religions, le sintoïsme et le bouddhisme. — Culte des morts, cimetière de Nangasaki. — Nobles, bourgeois et mendiants. — Instruction primaire. — Le Japon est-il un pays civilisé?

L'empire japonais [1], dont la population s'élève à près de trente millions d'habitants, est situé dans l'Asie orientale. Il se compose

[1] Il s'appelle aussi *l'empire du Soleil levant.*

d'un groupe d'îles très-nombreuses parmi lesquelles il y en a quatre d'une grande étendue [1]. Il est borné à l'est et au midi par l'océan Pacifique, à l'ouest par la mer du Japon et au nord par la mer de Tarrakaï. Les écueils sont nombreux et les tempêtes éclatent souvent dans ces lointains parages; ils favorisent le système d'isolement, pratiqué de temps immémorial par les maîtres de ce mystérieux pays. Quelques voyageurs, entre autres M. le marquis de Moges, attaché en 1857 à l'ambassade française, et H. Humbert, ministre plénipotentiaire de Suisse, en ont rapporté de curieuses relations; mais l'extrême défiance qui entoure généralement les étrangers, et les entraves multipliées auxquelles leurs recherches sont assujetties, expliquent les erreurs, les obscurités et les contradictions accumulées

[1] Les quatre principales îles se nomment Niphon, Yédo, Sikokf et Kiousiou.

dans les documents relatifs à l'histoire du Japon.

Cet empire se divise en deux parties inégales : 1° le Japon proprement dit, 2° les pays conquis. Les diverses îles qui forment son territoire sont pour la plupart si rapprochées les unes des autres que les gros vaisseaux ne peuvent pas entrer dans les détroits dont elles sont entourées. Elles occupent un espace d'environ deux cent cinquante lieues de long sur une largeur moyenne de cinquante lieues. C'est une superficie à peu près double de celle des îles Britanniques, avec une forme et une étendue assez semblables à la configuration de l'Italie.

Les montagnes, les volcans, et par suite les tremblements de terre, abondent dans cet archipel. Le climat, tempéré dans la plaine, est très-froid sur les hauteurs. En été, des pluies torrentielles succèdent souvent à des chaleurs accablantes; en hiver, les neiges s'amoncellent durant de longs mois, et le froid est assez vif pour que plusieurs villes aient imaginé de construire dans leurs rues des galeries couvertes qui permettent aux habitants de circuler sans s'exposer aux rigueurs de la saison.

L'agriculture japonaise est florissante. En tout pays, l'eau féconde la terre ou la rend stérile, suivant le rôle qu'on lui fait jouer. Si elle reste stagnante à une trop petite profondeur du sol, elle pourrit les racines des plantes, qui dépérissent sans produire leurs fruits; si elle circule à la surface, elle répand une fraîcheur favorable à la végétation et prépare l'abondance de la récolte. Au Japon, cette importante notion semble comprise et heureusement appliquée. Il y a de tous côtés des lacs, des canaux, des fontaines, des rivières; et les cultivateurs fertilisent leurs champs par d'intelligentes irrigations.

Les ports, les digues, les ouvrages d'art

et certaines routes sont remarquables par la solidité de leur construction.

Le sol produit le riz, le thé, le camphre, les épices, les légumes et les céréales. Il recèle non-seulement l'or, l'argent, le fer, mais aussi de riches mines de cuivre et des carrières de kaolin. Sur les côtes, on pêche de belles perles blanches et surtout des perles rouges. Dans l'intérieur, on excelle à sculpter le bois, à fabriquer les meubles de laque, la porcelaine, le papier d'écorce de mûrier, les étoffes de soie rehaussées d'or, et des sabres de grand prix.

L'imprimerie propage chaque année des milliers de publications sans valeur sérieuse; aucun journal n'est toléré; l'histoire n'est guère qu'une nomenclature de faits souvent insignifiants, et relatifs à la biographie des souverains; le plus grand nombre des livres expose des systèmes religieux ou philosophiques plus ou moins erronés, reproduit des poésies et des pièces de théâtre médiocres, des traités de mécanique, d'astronomie et de médecine, ou vulgarise les notions élémentaires de l'instruction primaire.

La capitale actuelle du Japon, appelée Yédo, est située dans l'île de Nyphon; cette île est la plus grande et la plus centrale de toutes celles qui composent l'archipel japonais. Elle comprend soixante provinces qui portent presque toutes le nom de royaumes.

Yédo compte, dit-on, deux millions d'habitants. Ses larges rues macadamisées sont bordées de limpides ruisseaux; ses places spacieuses sont entourées de maisons de bois qui deviennent trop souvent la proie des flammes; et ses vigilants édiles font soigneusement observer les règlements de police. C'est là qu'habite le chef de l'Etat, celui auquel le souverain délègue ses pouvoirs : il y possède un immense palais, dont les dépendances ont vingt kilomètres de tour. Les jeunes gens sont attirés à Yédo par les cours de médecine et d'astronomie, et par les écoles où se forment les officiers de terre et de mer; les hauts fonctionnaires y affluent, à cause de la présence du dépositaire de l'autorité.

Parmi les principales villes on cite :

Méaco, ancienne capitale, habitée par l'empereur ou mikado : les arts et l'industrie y emploient un grand nombre de bras; la population s'élève à huit cent mille âmes; elle s'occupe activement de construire des sanctuaires, d'imprimer des livres, de fabriquer de la porcelaine, des meubles et des étoffes;

Matsmaï, avec ses cinquante mille personnes, son commerce florissant et le grand mouvement industriel de son port;

Osaka, résidence des plus riches négociants;

Nangasaki, située aussi sur les bords de la mer, avec ses trente mille individus, ses palais, ses trente-six ponts, ses soixante temples, et ses nombreux vaisseaux qui échangent les produits et apportent la richesse.

Les Japonais se reconnaissent à certains traits caractéristiques. Ils ont en général la tête forte et légèrement enfoncée dans les épaules, la chevelure épaisse et noire, le front fuyant, les yeux obliques, le nez un peu aplati, le teint jaune, les joues larges et proéminentes, le buste long, les jambes courtes, une taille assez élevée avec l'apparence d'une santé robuste, enfin un air de suffisance et de fierté qui dénote une estime exagérée de soi-même. Cependant leurs habitudes ne sont pas dénuées de politesse. Ils se rappellent longtemps le bien ou le mal qu'on leur a fait. Contre les mauvais procédés leur rancune est vivace; mais ils gardent fidèle souvenir des services reçus et savent cultiver l'amitié. S'ils revoient un bienfaiteur après de longues années d'absence, ils aiment à le saluer en lui disant : « Pour les anciens bienfaits, merci! » Après un repas, il est assez d'usage que chacun levant son verre, le maître de la maison porte la santé de ceux qui ne sont pas là et qu'on aimerait à y voir : « Aux amis absents! » s'écrie-t-il. Et l'assistance répond : « Que la Divinité les bénisse! »

Rusés et plus intelligents que les Chinois, leurs voisins et leurs maîtres en plusieurs arts, ils ont aussi plus de loyauté, et leur parole mérite plus de confiance : leur caractère est gai, léger, énergique, obligeant, mais avide d'honneurs et ombrageux. Le moindre froissement d'orgueil allume dans leur cœur le feu de la colère, la soif de la vengeance; et la haine, prompte à naître, difficile à déraciner, les porte trop souvent à de criminels excès.

Très-attachés à leur pays, les Japonais ne sont pas insensibles aux charmes de la poésie, aux accents harmonieux de la musique, ni aux entraînements de l'éloquence. Ils ont pour les spectacles un goût qui dégénère en passion. Dans les villes surtout, la dissolution des mœurs est à la fois la honte et le fléau du pays.

Les mères soignent l'éducation de leurs enfants, et l'anecdote suivante, racontée par tous les historiens du pays, prouve qu'il s'y rencontre parfois des traits touchants de piété filiale. Au commencement du dix-septième siècle, une femme, restée veuve avec trois fils, vivait du produit de leur modeste travail et souffrait de la misère. Ces pauvres enfants, pleins de bonne volonté, mais faibles et inhabiles, gémissaient de leur impuissance, quand ils entendirent un jour annoncer que quiconque arrêterait un voleur et le conduirait au magistrat toucherait une somme considérable. Aussitôt le vif désir de soulager efficacement leur mère les décide à prendre un douloureux parti. Ils arrêtent de concert que l'un d'eux passera pour voleur, que les deux autres le conduiront au juge, et que le sort distribuera les rôles. Le plus jeune, désigné comme la victime, se laisse garrotter, subit l'interrogatoire de la justice, se reconnaît coupable d'un vol qu'il n'a pas commis; et, jeté en prison, il voit ses frères toucher la somme promise. Cependant, avant de se retirer, les accusateurs parviennent à pénétrer dans le cachot, et croyant n'être vus de personne, ils se livrent aux élans de leur tendresse, embrassent leur cher prisonnier et mêlent leurs larmes aux siennes. Le magistrat les observait sans qu'ils s'en doutassent; surpris de leurs affectueux épanchements, il veut se rendre compte d'une familiarité qui lui paraît inexplicable. Il appelle un de ses agents, et lui ordonne de suivre les dénonciateurs jusqu'à leur demeure, de s'enquérir adroitement de tout ce qui peut le renseigner sur ce mystère, et de ne pas tarder à présenter son rapport.

L'espion, docile à sa consigne, ne perd pas de vue les jeunes ouvriers, il marche derrière eux dans les rues, et quand ils rentrent au logis, il se met à portée d'entendre la conversation qui va s'engager. C'est alors que les jeunes gens racontent à leur mère ce qu'ils viennent de faire, et lui offrent la prime si chèrement obtenue. Mais, à ce récit, la pauvre femme sanglote, pousse des cris de désespoir, et ordonne de reporter l'argent, parce qu'elle aime mieux mourir de faim que de conserver la vie au prix de l'honneur et de la liberté d'un de ses enfants. Le magistrat, instruit de tout ce qui vient de se passer, rappelle le prisonnier, l'interroge de nouveau, cherche à l'embarrasser; et ne pouvant y parvenir, il lui déclare qu'il sait tout et qu'il veut en référer au souverain. Non-seulement le bon fils fut rendu à sa mère, mais il reçut une pension de quinze cents écus; chacun de ses deux frères en eut cinq cents : ces ressources inespérées apportèrent à la famille l'aisance et la joie.

Le Japon obéit à un pouvoir despotique, arbitraire et dépourvu de tout contrôle. La volonté plus ou moins éclairée du maître est, en fait, la loi souveraine du pays. Il délègue une fraction de son omnipotence à des princes ou rois appelés daïmios, qui concèdent eux-mêmes à des gouverneurs certains domaines et forteresses : dans les divers états de ces princes il existe des enclaves qui relèvent directement de l'autorité du chef de l'Etat. C'est ainsi que le caprice d'un seul homme dispose de la liberté, de la conscience, de la propriété, de la vie de trente millions d'âmes, foule aux pieds les intérêts, les droits les plus sacrés, jusqu'à ce que l'excès de la tyrannie ou l'audace ambitieuse d'un soldat heureux soulève les masses lentes à s'émouvoir, ajoute les ravages de la guerre civile à tous les autres fléaux, et vienne mettre ainsi le comble à la misère publique.

Autrefois les empereurs *spirituels*, ainsi nommés parce qu'ils sont réputés descendre des esprits, exerçaient par eux-mêmes la toute-puissance. Les choses se passèrent ainsi pendant plus de 500 ans, du septième au douzième siècle de l'ère chrétienne. Puis elles se modifièrent lentement, peu à peu, et sans aucun bénéfice pour la liberté de conscience. Les généraux qui commandaient en temps de guerre les armées improvisées [1] et qui réprimaient les révoltes des grands, réclamèrent le prix des périls affrontés et des victoires remportées : ils tenaient dans leurs

[1] Les troupes permanentes n'existent pas au Japon : il possède seulement un corps d'officiers peu expérimentés. Les hommes qui servent d'escorte aux rois et aux gouverneurs pendant la paix, deviennent soldats quand il s'agit de guerroyer. Ils n'ont que des armes blanches, et ignorent les saines notions de l'attaque et de la défense. C'est assez dire qu'avec leurs sabres, leurs arcs, leurs flèches, leurs robes, leurs pantalons bouffants et leurs sandales, ils se défendraient mal contre les fusils, les canons, l'équipement et la science militaire des Européens.

mains la force publique ; ils voulurent partager les honneurs avec l'empereur leur maître ; ils exigèrent aussi un accroissement de puissance et finirent par l'absorber presque entièrement à leur profit. Ce pouvoir usurpé s'affermit par le temps, et, comme nous le verrons dans la suite de cette histoire, à la fin du seizième siècle, il voulut devenir héréditaire et y réussit après une lutte de quatorze ans [1] ; l'usurpateur prit les titres de *chiogoun* ou chef de l'armée, et de *taïkoun* ou chef de la justice, de l'administration et de la politique. Il choisit Yédo pour sa résidence, y attira les daïmios les plus puissants, les réunit en un conseil appelé à délibérer sur les affaires de l'Etat, et leur imposa l'obligation de passer dans cette ville la

[1] En 1612, un traité, accepté par le mikado, stipula que les trois familles Gosankés, descendant du *Chiogoun-Hieas*, hériteraient du chiogounat. Trois autres familles sont subsidiairement désignées, pour le cas où à la mort d'un chiogoun aucun gosanké ne pourrait monter sur le trône.

moitié de leur vie. Quand il est intelligent et ferme, le taïkoun impose ordinairement sa volonté à ce conseil. Il dispose de l'armée, des finances, règle les relations extérieures, sauf rectification du mikado, et absorbe en un mot les diverses attributions de la souveraineté. Il a quatre ministres : pour la guerre, les domaines impériaux comprenant toute la province de Yédo et plusieurs autres, les affaires étrangères, et la police. Ce dernier département tient sous sa dépendance une nombreuse armée de fonctionnaires répandus sur la surface de l'empire, avec mission de tout inspecter pour en rendre compte; ce qui fait dire qu'au Japon la moitié de la population espionne l'autre. Le souverain règne par la terreur; son action occulte s'étend à toutes les branches du gouvernement, et se manifeste trop souvent par des proscriptions et des assassinats. Chaque employé est surveillé de très-près et s'ingénie à ne rien faire ostensiblement qui lui attire un rapport défavorable. Les hauts fonctionnaires se cachent derrière leurs murailles ou leurs forteresses, et le taïkoun lui-même se montre très-rarement en public. De nos jours à peine cinq ou six fois par an s'éloigne-t-il de son palais pour aller adorer les images de ses ancêtres. Lorsqu'il sort, les rues doivent être désertes, et s'il s'y rencontre quelques rares spectateurs, ces sujets oublieux ou téméraires expient leur faute en se prosternant jusqu'à terre, sans oser regarder le passage du maître. Avec le temps, le taïkoun a oublié l'activité de ses devanciers, il s'est déchargé sur son premier ministre du fardeau des affaires, et il se trouve presque rangé, lui aussi, dans l'esprit des populations, au nombre des demi-dieux.

Quant au souverain spirituel, qui porte les titres de *daïri* ou *mikado*, relégué dans la ville sacrée de Méaco, entouré d'une cour nombreuse, comblé d'hommages, il n'a guère que l'ombre du pouvoir; sa mission se bornerait, dit-on, à donner une sorte d'investiture au taïkoun désigné par les daïmios à son approbation, et spécialement choisi dans les familles que nous avons désignées. On assure encore qu'à certaines époques le daïri ordonne les prières publiques et rappelle les processions vers les principaux temples des divinités indigènes. Honoré par le taïkoun, qui se déclare son défenseur, son gardien et son premier sujet, il conserve le droit de grâce, donne l'investiture au taïkoun et aux daïmios ou rois, reçoit leurs hommages une fois l'an, sanctionne les lois d'intérêt général et les traités conclus avec les puissances étrangères; vénéré par les Japonais, qui le regardent comme le descendant des dieux, il est l'objet d'une sorte de culte. Son domaine s'étend sur la ville et sur le territoire de Méaco. Il vit au milieu d'une foule de musiciens, d'artistes, d'astronomes et de poëtes, qui emploient leur talent à charmer ses loisirs. Vêtu d'une robe rouge, qu'il change chaque jour, et la tête couverte d'un long voile, il ne porte qu'une fois à ses lèvres la coupe avec laquelle il s'abreuve. Dès qu'elle a servi, cette coupe est brisée, de peur qu'un téméraire n'ait l'audace de s'en servir. La nourriture du mikado se prépare avec les soins les plus minutieux, et on choisit grain à grain le riz qui paraît sur sa table. Comme sa famille ne doit pas s'éteindre, si un mikado n'a pas d'enfants, le Ciel est réputé lui en envoyer un que l'on choisit en secret parmi les plus illustres seigneurs de l'empire; on le dépose au pied d'un arbre dans ses jardins, et cet enfant devient un jour son héritier.

L'origine de la dynastie se confond dans l'opinion publique avec celle de la religion la plus ancienne du pays. Cette religion, appelée *sintoïsme*, ou voie des esprits (sin-tô), associe des lambeaux de vérité, des souvenirs altérés et confus de la révélation, à des fables absurdes, inventées pour plaire aux imaginations déréglées et pour excuser les désordres de mœurs dont ces malheureuses contrées ont tant à gémir. Le sintoïsme nous montre à l'origine des choses créées les éléments dans le chaos, et un esprit supérieur placé au-dessus de l'abîme pour le féconder. Cet esprit, uni à deux autres dieux, forme avec eux un trio tout-puissant dont l'intelligence et la pureté sont infinies. Au-dessous d'eux viennent se placer quatre dieux et quatre déesses assujettis à toutes les faiblesses de l'humanité. Un jour, le dernier de ces couples, regardant l'Océan, fut frappé de la majesté de ses flots et eut la fantaisie d'y plonger une pique formée de pierres précieuses; la pique retirée des eaux laissa tomber quelques gouttes d'écume qui formèrent les premières îles du Japon. Le dieu et la déesse, séduits par la beauté de ces îles, vinrent les habiter et y laissèrent des enfants; mais l'essence divine s'affaiblit en se divisant entre huit cents mille divinités terrestres d'un ordre inférieur, invoquées et adorées sous le nom de Kamis. Le mikado est réputé le descendant de cette incomparable lignée.

Les Japonais n'invoquent ni la Trinité ni les quatre premiers couples, parce qu'ils les croient trop élevés pour condescendre encore à s'occuper des simples mortels; mais ils s'adressent aux divinités inférieures, nées sur le sol de la patrie.

Telles sont : la grande déesse Ten-sio-daï-sin, aïeule de la maison souveraine; puis ses deux frères, protecteurs des guerriers, des marins et des commerçants; puis une foule de princes et de princesses dont la déplorable histoire enseigne l'égoïsme, la cruauté et l'amour effréné des plaisirs sensuels. Les sanctuaires de cette religion abritent des idoles monstrueuses à figures grimaçantes. Plusieurs comptent jusqu'à trente-six bras dont elles sont pourvues, afin de menacer les populations et les frapper de terreur. A part les nobles, les riches, les lettrés, qui ne croient plus guère à la religion de leurs pères, et dont la conscience ne suit d'autres règles que celles d'une philosophie plus ou moins obscure enseignée par Confucius, les Japonais observent les pratiques religieuses que les ancêtres leur ont transmises, sans en chercher la signification; ils savent bien que tout ne ne finit pas avec la vie présente, que les âmes vertueuses iront habiter des régions lumineuses, et que celles des méchants seront éternellement punies; mais, absorbés par les préoccupations matérielles, ils s'inquiétent peu de l'avenir, et arrivent à la tombe avec une insouciante résignation. S'ils ont l'aisance et la santé, ils vont aux temples ou mias pour rendre grâces. Sont-ils ruinés, tristes ou malades, ils s'abstiennent de toute démarche de ce genre; ils craindraient d'être à charge à leurs dieux en étalant à leurs regards le spectacle importun de la souffrance. Cependant il est un pèlerinage qu'une très-ancienne coutume a consacré en l'honneur de la déesse Ten-sio-daï-sin ; chacun, quelle que soit sa position, doit le faire tous les ans au printemps. Le monument est un temple de bois de très-chétive apparence; on en conserve l'ancienne construction pour rappeler la pauvreté des ancêtres : il s'y trouve un miroir de métal, emblème de la Divinité qui connaît jusqu'à nos plus secrètes pensées; on y voit encore un papier découpé qui rappelle la sainteté du sanctuaire et l'obligation de se purifier de toute souillure avant d'y pénétrer.

Pendant des siècles le sintoïsme resta l'unique religion des Japonais. Mais les Chinois, en important dans le pays leurs arts et leurs ingénieux procédés industriels, y introduisirent aussi le culte inventé par Bouddha. Bouddha signifie *parfaite intelligence des choses;* et, comme pour confondre l'outrecuidance de l'orgueilleux inventeur, rien n'est plus obscur que les systèmes du bouddhisme. D'après ses enseignements, ignorés de la foule et connus seulement du petit nombre, l'homme avant de naître a subi beaucoup de tranformations diverses. A sa mort, il prendra une forme inférieure ou supérieure, selon le démérite ou le mérite de sa vie. — La douleur est nécessairement attachée à l'existence; on la rencontre partout, partout aussi le démon tend ses embûches; pour échapper à la souffrance et aux piéges du tentateur, il faut se soustraire aux transmigrations et parvenir à s'unir à l'essence de l'Esprit universel.

A son début au Japon, le bouddhisme eut une épreuve à subir. Peu de temps après la construction de son premier temple, il survint une épidémie : le fléau fut attribué à l'introduction de la nouvelle religion, qui fut alors proscrite. Plus tard, un de ses prêtres, venant de Corée, obtint une audience de l'empereur ou mikado; et apercevant dans le palais un enfant de six ans, petit-fils du souverain, il eut l'idée de se prosterner à ses pieds en disant qu'il reconnaissait en lui un futur émule de Bouddha. Le mikado, fier de la gloire promise à l'un de ses descendants, confia son éducation à cet étrange docteur; et le jeune prince devint le fondateur du nouveau culte au Japon.

Le bouddhisme est placé sur le même rang que les superstitions indigènes, et ses idoles sont adorées au même titre que les anciens dieux. C'est ainsi qu'on voit près de Méaco un beau temple, doté de la plus grosse cloche qui existe dans tout l'empire, dans lequel, dit-on, trente-trois mille trois cent trente-trois idoles reçoivent l'encens et les prières des Japonais. Dans ce sanctuaire, les grandes statues supportent une multitude de statuettes, placées sur leurs genoux, dans leurs mains et jusque sur leur tête. Les bonzes, ou ministres de Bouddha, ne luttent pas contre les ministres des kamis, et les mêmes pèlerins adoptent les cérémonies des deux cultes.

Les bonzes se subdivisent en une foule de sectes, fort hostiles les unes envers les autres et obéissant à une sorte de hiérarchie. Les uns restent dans le monde; les autres vivent dans la solitude, s'adonnant parfois aux pratiques de la pénitence: ceux-ci obéissent à une règle de communauté, sous la direction d'un supérieur; ceux-là mendient. Il en est qui sont organisés militairement et deviennent, en temps de guerre, les plus redoutables soldats de l'empire.

Les prêtres des kamis se reconnaissent à leur tête rasée; ils portent une petite calotte noire de carton laqué, sur le cimier de laquelle figure une croix blanche : ils se livrent, comme les bonzes, à la prière, à l'éducation de la jeunesse, à la prédication; plusieurs mènent une vie régulière, beaucoup se laissent aller au désordre; tous ont un extérieur austère, inspirent la crainte aux masses et obtiennent leur respect. Les Japonais voient en eux les interprètes de la Divinité, et cette pensée suffit pour exciter leur vénération.

Les bonzes ne se distinguent pas en général par une conduite plus édifiante : mais ils ont des traités plus compliqués et une métaphysique incompréhensible à discuter. La science du grand nombre est superficielle; dans leurs controverses, le sophisme occupe ordinairement la place du raisonnement; il n'est pas rare de rencontrer chez eux une élocution facile, et quand ils prononcent des discours, ils s'élèvent parfois jusqu'à l'éloquence. Les principales divinités dont ils entretiennent le culte au Japon sont : Amida, l'une des plus anciennes idoles de la Chine; Xaca, le propagateur le plus célèbre du bouddhisme et de la métempsycose, l'auteur d'un code de lois et de beaucoup de livres religieux parmi lesquels on cite le *foquequium*, le plus obscur et le plus vanté de tous; et enfin Canon, le créateur présumé du soleil et de la lune.

Ces prêtres exhortent souvent aux prières, aux pèlerinages et aux ablutions. La chapelle des ablutions se trouve au pied de l'escalier qui conduit au temple. Elle consiste en une toiture abritant un bassin de pierre toujours rempli d'eau. La plupart des temples sont construits en bois avec couverture de chaume ou de tuile, et sont exhaussés de deux mètres au-dessus du sol. Fermés de trois côtés, ils ont une façade ouverte, garnie de châssis mobiles, et sont entourés d'une galerie à laquelle on arrive par quelques degrés.

Les bonzes suivent et conseillent encore

certaines pratiques dont le but est de combattre les malignes influences du démon. Plusieurs écoutent les confessions des pèlerins. Les pénitents, qui cherchent par ce moyen le pardon de leurs fautes et la paix de leur conscience, sont placés, dit-on, sur un plateau de balance, suspendu au-dessus d'un précipice, et font connaître à haute voix leurs fautes. Si le bonze appelé à les entendre remarque des hésitations ou des réticences dans leurs aveux, on assure qu'il retire les contre-poids et précipite les coupables dans l'abîme.

Au milieu des ténèbres de l'erreur et des monstruosités de l'idolâtrie, quelques lueurs de vérité brillent encore aux regards de la raison. Les païens eux-mêmes sentent le poids de la chute originelle et déplorent les fatales conséquences qui nous portent au mal quand notre conscience nous dit de faire le bien; ils comprennent la nécessité de se défendre contre les attaques de l'esprit de ténèbres, et l'obligation d'expier les fautes commises. Malheureusement ils se trompent sur le choix des moyens propres à atteindre le but. Ainsi, autrefois ils immolaient des victimes humaines sur la tombe des grands personnages du pays, et ils ont remplacé cette coutume barbare par l'offrande de statues d'argile. Mais de nos jours encore, ils espèrent apaiser la justice divine et arriver au bonheur des martyrs en se suicidant; comme s'il nous était permis de disposer nous-mêmes de la vie que Dieu nous a donnée, et de la sacrifier à d'autres intérêts qu'à ceux de la charité, de la justice, de la vérité ou de la patrie. Voilà pourquoi on voit des Japonais se précipiter dans les fleuves, se faire étouffer par la foule aux jours des grandes fêtes, se jeter sous les roues des chariots qui portent les images sacrées, et attirer ainsi sur leur mémoire l'honneur et le respect.

Certains prêtres de ce pays professent sur l'âme une théorie qui doit ici trouver sa place. A les entendre, l'âme serait une vapeur allongée qui s'échapperait des maisons où les malades rendent le dernier soupir. Les châssis des logements craquent sur son passage, et les esprits attachés au service du grand juge des enfers la conduisent au redoutable tribunal. Là elle trouve un miroir qui reproduit fidèlement sa vie : si elle a commis le mal, elle est condamnée à errer plus ou moins longtemps dans les abîmes inférieurs. Quand la période de l'expiation est écoulée, elle recommence le cours de son pèlerinage. Parfois il lui est permis de revoir la terre : aussi les histoires de revenants sont-elles très-répandues dans les masses ; il circule d'innombrables estampes qui représentent l'enfer avec les supplices des méchants et impressionnent les imaginations populaires.

Le culte des morts n'est pas inconnu au

Japon, et les cérémonies bizarres, adoptées pour les honorer, manifestent du moins la croyance en l'immortalité des âmes. Les obsèques des grands sont entourées de beaucoup de pompe. Leurs restes, transportés hors des villes, sont déposés sur un bûcher élevé qu'on allume après beaucoup de prières et de vaines pratiques. Le feu une fois éteint, les ossements sont recueillis et ensevelis avec les cendres.

Au dire des bonzes, pour assurer le bonheur de ceux qu'on a perdus, il faut déposer dans les tombes des lettres de change qu'ils fabriquent et vendent à des prix très-élevés. Selon leur doctrine, les femmes, comme les pauvres, naissent maudits; les femmes surtout ont besoin de cette monnaie pour se racheter de la malédiction.

Les deuils se portent avec des étoffes blanches; ils sont sérieux, sévères et de plus longue durée que les nôtres. Les soins donnés aux cimetières prouvent que les vivants n'oublient pas ceux qui sont partis avant eux.

A Nangasaki, d'après un spirituel historien, on trouve en quelque sorte deux cités : dans la plaine, la ville des vivants avec ses longues et largues rues, bordées de maisons de bois et traversées par la foule ; sur la montagne, la ville des morts avec ses beaux arbres, ses monuments funèbres et son silence solennel. Là, chaque famille a son enclos. Une fois par an, à la fin du mois d'août, se célèbre la fête solennelle des trépassés ; elle dure trois nuits consécutives. Le premier soir, les parents et amis allument des lanternes de papier aux couleurs variées, pour éclairer les tombes des personnes qu'ils ont perdues dans le cours de l'année. La deuxième et la troisième nuit, toutes les tombes sont illuminées, et toutes les familles vont s'installer dans le cimetière, pour y boire au souvenir des ancêtres dont les esprits président à ces réunions. A la fin de la troisième nuit, les trépassés sont invités à s'embarquer et à retourner dans leur habituelle demeure : des milliers de petites nacelles de paille, préparées pour leur voyage, sont chargées de fruits et de pièces de monnaie. A un moment convenu, tous les lampions sont transportés vers la baie et déposés sur les nacelles; les voiles de nattes sont tendues au vent : ces frêles embarcations sont dispersées sur la rade par la brise du matin, ou bien elles s'enflamment avant de quitter le port; la flottille disparaît en traçant de toute part des sillons de feu, et bientôt la dernière âme a fait à la terre ses adieux.

Si nous avons exposé avec quelques détails les pratiques et les idées religieuses répandues au Japon, c'est que la religion exerce une souveraine influence sur les mœurs, la valeur morale et la prospérité d'une nation. Les principes vagues, les exemples déplorables, et les préceptes élastiques accrédités dans cet empire, expliquent les vices invétérés qui le déshonorent, et font apprécier davantage les qualités et les côtés louables du caractère japonais.

Les lois pénales sont très-rigoureuses dans l'empire du Soleil levant; mais elles forment un faible rempart contre l'invasion des crimes : aussi sont-ils fréquents au Japon.

Une ligne de démarcation presque infranchissable sépare les diverses classes de la société, et les inférieurs entourent leurs supérieurs d'hommages et de respects, sans que la lèpre de l'envie paraisse faire de profonds ravages dans ces âmes qui obéissent toujours sans avoir l'espoir de commander jamais.

Il y a dans chaque ville un magistrat qui dispose, au nom de l'empereur, de la propriété, de l'honneur, de la liberté, de la vie des habitants; il les condamne sans procédure, sans délai, sans appel. Une famille, un quartier peuvent être punis pour le crime d'un seul individu. Le supplice des condamnés ordinaires est celui de la croix ou du feu. Les gens de condition ont la tête tranchée: quand ils prévoient une condamnation, ils la préviennent en se donnant la mort pour échapper au déshonneur; comme s'il dépendait du geôlier ou du bourreau d'imprimer à notre nom une flétrissure que nos méfaits seuls peuvent lui infliger. Quand le juge veut adoucir la rigueur de la sentence, il cède à une préoccupation analogue, et il confie l'exécution au plus proche parent du condamné; cette mort semble moins déshonorante aux yeux de la population.

Le droit que le magistrat exerce sur une ville, le maître le possède sur son vassal ou son esclave, le mari sur ses femmes [1], et le père sur ses enfants.

[1] La polygamie est autorisée au Japon par l'usage et par

En Chine, l'instruction permet d'aspirer aux premières fonctions de l'Etat; les *lettrés*, qui ont obtenu ce titre en passant leurs examens, forment avec les officiers de l'armée la noblesse de l'empire et ont seuls droit de prétendre aux emplois publics. Au Japon, sauf de rares exceptions, chacun reste dans la caste où il est né. Cependant la science y ouvre deux carrières honorées, celles du sacerdoce et de la médecine. Les prêtres ont rang immédiatement après la noblesse. Viennent ensuite les bourgeois, c'est-à-dire les médecins, les négociants en gros, les employés subalternes, les agriculteurs, puis les petits marchands, les artisans, les matelots et les pêcheurs.

Les mendiants, considérés comme des parias, n'ont pas la faculté de pénétrer dans la maison des riches; cette interdiction est portée

l'exemple de ceux qui ont les ressources nécessaires pour se la permettre.

sous des peines rigoureuses. Quant aux christans ou descendants des chrétiens, il en est qui sont relégués dans un quartier de Yédo; assimilés aux indigents, ils ne peuvent se marier qu'entre eux.

La noblesse occupe les grandes charges. Les nobles reçoivent les hommages du peuple et de la bourgeoisie, qui leur parlent à genoux. Vêtus de longues robes de soie brodées de fleurs d'or ou d'argent, ils portent des sabres dont la poignée et le fourreau sont enrichis de perles et de diamants. Un noble ruiné ne cesse pas d'être respecté : il se dépouille de tout avant de se priver de ses deux sabres. Dans beaucoup de familles, les armes se transmettent de génération en génération; on les enveloppe d'étoffes précieuses, on raconte leur histoire, et on les entoure d'une sorte de culte. Permettre d'y toucher, c'est donner une marque d'estime et de confiance. Entendre dire qu'elles sont mauvaises, c'est recevoir une grave injure qui se lave dans le sang de celui qui l'a proférée.

Les grands chassent avec des fusils à mèche et surtout avec des flèches; l'arc passe pour l'exercice le plus noble, parce que c'est celui qui exige le plus d'adresse.

Ordinairement les classes élevées se laissent aller à un luxe énervant et à une oisiveté corruptrice, sans avoir, comme contre-poids, cette influence chrétienne, subie dans les pays catholiques par ceux même qui en méconnaissent les bienfaits, et si efficace pour entretenir dans les âmes la sève des sentiments généreux.

Les grandes dames japonaises, renommées pour leur beauté, se distinguent aussi par la magnificence de leurs vêtements. Leur chevelure, tressée avec art, retombe élégamment derrière leur tête; leurs boucles d'oreilles sont ornées d'anneaux de perles d'un grand prix, et leurs larges ceintures sont très-richement brodées. Avec leurs robes flottantes à longues queues, elles portent des vestes de soie si fine qu'on peut facilement en mettre plusieurs dans sa poche. En ce pays, qui attache tant d'importance aux choses extérieures, et où l'étiquette occupe tant de place, le nombre des vestes fait connaître le rang et la qualité de la personne. Certaines femmes en ont, dit-on, jusqu'à cent.

Les femmes se marient de bonne heure; et une fois mariées, elles se teignent les dents et s'arrachent les sourcils afin de rassurer la jalousie de leurs maris. Rarement elles sortent dans les rues; mais quand elles se montrent en public, elles apparaissent étendues dans de splendides litières, précédées d'éventails et de parasols, escortées de filles d'honneur chargées de porter les mules, les mouchoirs brodés, les dragées et les confitures.

Les bourgeois, armés aussi, se reconnaissent à leurs habits courts et à leurs cheveux rasés par derrière ; ils portent chez eux leurs plus beaux vêtements, et choisissent les plus modestes pour leurs sorties. Suivant la coutume du pays, ils montent à cheval du côté droit et se couvrent en saluant. Comme l'emploi du linge de corps y est à peu près inconnu, l'usage des bains est très-répandu. On en trouve partout, et on y voit les sexes mélangés foulant aux pieds dans ces fréquentes rencontres les lois les plus élémentaires de la pudeur.

Les maisons, habitées par les bourgeois aisés, sont généralement propres et bien tenues. Les cloisons des chambres sont mobiles et permettent de modifier leurs proportions suivant les circonstances et les besoins. Les planchers sont couverts de nattes de paille de riz. Ces nattes sont le matelas sur lequel le Japonais passe les nuits, enveloppé dans des couvertures ouatées, la tête appuyée sur un socle de bois rembourré. C'est encore la nappe sur laquelle il dépose de petites tables carrées avec les ustensiles de laque et de porcelaine qui servent aux repas quotidiens ; c'est le tapis sur lequel les enfants marchent nu-pieds et prennent leurs ébats. C'est enfin le divan sur lequel il invite ses hôtes à venir se reposer, accroupis sur leurs talons, pour boire du thé, fumer de petites pipes et entretenir d'interminables conversations. Car ce peuple, plongé dans les épaisses ténèbres de l'idolâtrie, méconnaît le prix du temps ; il cherche à le dépenser agréablement plutôt qu'à le bien employer, et si les besoins matériels ne viennent pas stimuler son activité, il s'abandonne à une paresse indolente qui l'empêche d'utiliser sa vie.

On ne trouve dans les maisons japonaises, ni chaises, ni armoires, ni lits. On n'aperçoit pas même les petits guéridons d'un pied de haut dont les habitants se servent pour écrire. Ces bureaux sont relégués dans des placards dont ils sortent aux heures où ils doivent servir. Mais deux meubles se rencontrent partout où il y a un peu d'aisance : ce sont le brasero et la boîte à tabac, qui donnent satisfaction à deux habitudes impérieuses et dont les indigènes feraient difficilement le sacrifice.

Le riz, les fruits, les légumes, le thé sont les bases de l'alimentation publique. A mesure que le Japonais voit augmenter ses ressources, il se procure le poisson, les volailles et le gibier. Il consume peu de viande de boucherie, et ignore l'utilité du mouton, du porc et de la chèvre. Aucun de ces trois animaux n'est acclimaté dans son pays. Naturellement sobre, il mange peu, et remplace par la boisson ce qui manque à sa nourriture frugale. Il ne connait pas le fruit de la vigne; mais il fait grand usage d'une liqueur composée avec du riz fermenté.

Il associe à la passion des spectacles l'horreur des jeux de hasard. Il ne veut pas jouer, parce que le joueur tend à s'emparer du bien d'autrui.

L'instruction primaire est très-répandue au Japon ; dans les villes, presque tout le monde sait lire. Malheureusement les leçons et les lectures de l'école disposent les enfants à cette insouciance pratique qui engourdit leurs facultés naissantes et paralysera plus tard leur énergie.

Les caractères de l'écriture japonaise ressemblent, comme ceux de la Chine, aux hiéroglyphes égyptiens. La langue est très-riche de mots, et chaque province a pour ainsi dire son dialecte. Le sens des expressions varie suivant la qualité des personnes auxquelles on les adresse, le son de la voix et le sujet qu'on traite. Enfin les noms propres ont une signification figurée [1], comme dans la langue hébraïque.

[1] Les figures et les symboles jouent un grand rôle dans l'esprit

Tel est le tableau sommaire et très-incomplet que l'histoire nous trace des habitudes, des mœurs et du caractère japonais. Telles sont les notions géographiques, administratives, artistiques, industrielles, politiques et religieuses qu'il nous a été donné de recueillir sur l'empire du Japon. Nous est-il permis de conclure que cette importante contrée jouit du bienfait de la civilisation? Nous ne le pensons pas. Sans doute ses habitants ont su construire de grandes cités où la police veille et empêche ordinairement les émeutes. Ils ont des ports magnifiques, des routes, des ponts et des canaux remarquables. Ils produisent des œuvres d'art admirées en Europe, et travaillent avec succès le bois, la

des Japonais et se retrouvent jusque dans les cadeaux de la nouvelle année. Ainsi c'est un usage généralement adopté par eux de se donner comme étrennes un gâteau de riz surmonté d'une écrevisse, d'une orange et d'un chou artificiel. A leurs yeux, l'écrevisse est le symbole de la fécondité, l'emblème des années qui se renouvellent, parce qu'ils croient que ses pattes repoussent si on les arrache. Sa couleur rouge est l'image de la santé. Le mot orange, en japonais, signifie *prospérité;* et le mot chou veut dire *richesse.*

terre, le métal et la soie. Leur accueil charme souvent les étrangers qui peuvent entrer en relations avec eux. En un mot, ils possèdent quelques-uns de ces éléments civilisateurs, compatibles avec les vices honteux que l'idolâtrie autorise, et analogues à ceux qu'on rencontre chez les anciens peuples de Rome et d'Athènes. Mais ces symptômes favorables, de nature à tromper les observateurs peu attentifs, ne sont que superficiels, ce n'est pas à de pareils signes qu'on peut reconnaître la civilisation. Pour qu'une nation soit sérieusement civilisée, il faut que la vérité, pénétrant au fond des consciences, éclaire les esprits, règle les cœurs, vivifie la littérature et la science, inspire aux puissants et aux heureux du siècle le respect et la compassion pour les pauvres, les faibles et les affligés, combatte les superstitions, lutte contre les violences, les animosités, les haines, la dépravation des mœurs et les innombrables abus de la force brutale; il faut qu'il y ait au sein de cette nation une généreuse phalange, toujours occupée à opposer la vertu, le dévouement et le sacrifice aux ravages de l'erreur et du vice, toujours prête à donner sa vie pour défendre et propager la charité, ce premier bien de l'âme et de l'humanité. Pour tout dire, en un mot, il faut que la lumière de l'Evangile fasse régner l'équité dans les lois civiles, et l'ordre moral dans la société.

CHAPITRE II

Naissance, études, vocation et premiers travaux de saint François Xavier. — Il arrive à Goa pendant que des marchands portugais sont jetés par la tempête sur les côtes du Japon. — Conversion d'Augeroo, baptisé sous le nom de Paul de Sainte-Foi.— François Xavier aborde Cangoxima le 15 août 1549. — Accueil du roi de Saxuma. — Intrigues des bonzes. — Visite de Xavier au château de Hexandono. — L'apôtre va de Firando à Méaco, à Amanguchi, puis dans le royaume de Bungo. — Conférences avec les prêtres des idoles. — Nombreux néophytes. — Saint François Xavier retourne aux Indes, s'embarque pour le Chine, et meurt dans l'île de Sancian. (1552.)

Après avoir esquissé à grands traits la physionomie générale du Japon, nous avons à nous reporter à trois siècles en arrière, pour étudier les différentes phases de l'introduction du christianisme dans l'empire du Soleil levant. L'Europe ignora longtemps l'existence de ces îles lointaines. Au seizième siècle, un naufrage amena pour ainsi dire sa deuxième découverte[1], et bientôt après la présence d'un saint missionnaire aux Indes valut à la nation japonaise l'inestimable bonheur de connaître la vérité. Cet apôtre s'appelait François Xavier. Il a occupé une si grande place parmi les prédicateurs de l'Evangile en Orient, que nous devons initier nos lecteurs aux principaux événements de sa vie.

Issu d'une ancienne maison de Navarre qui comptait parmi ses alliés les premiers souverains de ce pays, il était né en 1506 au château de Xavier. Il avait montré, dès son enfance, le goût de l'étude; le temps et le travail développèrent son aptitude pour les sciences; et, quand il eut dix-huit ans, ses

[1] Au treizième siècle, le P. Rubruquis, chargé par saint Louis d'une mission en Tartarie, et le voyageur Marco-Paulo avaient fait connaître l'existence de cet archipel; mais cette révélation, qui avait intéressé quelques érudits, n'avait pas produit de résultat pratique.

parents se résignèrent à s'en séparer pour le mettre à même de suivre les cours des professeurs les plus distingués et de conquérir le titre de docteur. Ils cherchèrent les meilleures écoles de leur temps et n'en trouvèrent pas de plus célèbres que celles de l'université de Paris. Ce fut donc vers cette grande ville qu'ils dirigèrent ses pas. Il avait alors cette première culture d'esprit que donne l'étude, avec une distinction d'intelligence et de formes extérieures que l'éducation ne réussit pas toujours à procurer. Dans le vieux château de famille, chacun regretta son départ, à cause de l'enjouement de son caractère et de la joie qu'il répandait autour de lui; mais sa pieuse mère fut plus triste que les autres. Aux privations de l'absence se joignait pour elle une tendre et vive préoccupation. Qu'allait devenir son cher enfant, dans un âge si difficile, entouré des mille dangers de la capitale? Elle se mit à prier beaucoup pour lui et à offrir pour la préservation de son âme toute sorte de bonnes œuvres. Dieu écouta la voix de ses ardentes supplications; il entoura François de pieux condisciples, qui le conduisirent comme par la main jusqu'au sommet de la perfection. Ce fut d'abord Pierre Lefèvre, fils d'un pauvre paysan de la Savoie, dont le cœur était à la hauteur de celui de Xavier. Ils se lièrent d'une amitié solide, fondée sur cette estime réciproque que la religion inspire et cimente. Logés dans la même chambre, ils mirent en commun leurs travaux, leurs plaisirs et leurs peines. Ce fut ensuite Ignace de Loyola, naguère encore brillant officier, blessé dans une récente bataille, converti par la lecture de la Vie des Saints, qu'il avait acceptée dans son désœuvrement pour tromper les souffrances de la maladie et les lenteurs de la guérison. Redevenu écolier à l'âge où d'ordinaire on professe, il étudiait avec zèle pour se rendre capable de fonder la Compagnie de Jésus. Il avait alors quarante ans, et Xavier n'en comptait que vingt-quatre; ce jeune homme était dans la splendeur de sa beauté corporelle et dans tout l'éclat d'un talent qui lui avait valu la mission d'enseigner la philosophie au collége de Beauvais. Ignace devina tout de suite quels services le brillant professeur rendrait à la religion en se vouant au sacerdoce, et il s'efforça de faire cette précieuse conquête, y travaillant avec une persévérance infatigable, prêchant à Xavier les vérités les plus capables de l'émouvoir, et lui répétant souvent le *quid prodest* devenu historique [1].

Pendant un certain temps, ces exhortations parurent trop austères et importunes à ce fier gentilhomme, enivré de son esprit, de ses talents, de ses succès, qui voulait rester dans le monde pour y briller et y recueillir des applau-

[1] « Que sert-il à l'homme, dit le Seigneur, de gagner le monde entier, s'il vient à perdre son âme? »

dissements; mais ses résistances ne découragèrent pas Ignace. Là où le raisonnement avait échoué, il résolut de s'attaquer au cœur, et la bonté acheva ce que l'éloquence avait à peine commencé. Il partageait la chambre de Xavier et le voyait sans cesse. Il l'entoura de délicates attentions, alla au-devant des services qu'il pouvait lui rendre, le toucha par son aimable affection, et finit par le gagner à son grand projet. En effet, dès 1534, François Xavier et Pierre Lefèvre, réunis à cinq autres amis dans la chapelle souterraine de Montmartre, s'engageaient à fonder, sous la conduite d'Ignace de Loyola, l'illustre compagnie d'apôtres dont on connaît les œuvres; ils faisaient en même temps le triple vœu de chasteté, de pauvreté, d'obéissance; et, l'année suivante, ils renouvelaient solennellement à Rome leurs promesses, aux pieds du pape Paul III. Ils étaient alors dit; et tous brûlaient de combattre ; mais ce n'était pas pour semer la ruine ou pour procurer à l'orgueil un triomphe éphémère. Ils avaient soif de la lutte, pour convaincre les âmes, les éclairer et les sauver. C'est à ce rude et glorieux labeur qu'ils consacreront désormais leur vie.

Pendant plusieurs années, Xavier fut chargé d'évangéliser les villes et les campagnes d'Italie, annonçant la bonne nouvelle aux pauvres et aux riches, aux petits et aux grands, aux savants comme aux ignorants; tous restaient sous le charme de sa parole, et chacun, se sentant attiré vers Dieu, reconnaissait en Xavier les vertus et la puissance de l'apôtre.

En 1540, le roi de Portugal Jean III demanda au Saint-Père que des missionnaires fussent envoyés aux Indes orientales. Désigné pour entreprendre cette pacifique croisade, François se rendit avec joie en Orient avec le titre de nonce apostolique. Arrivé à Lisbonne, il dut y attendre plusieurs mois la saison favorable à la navigation. Il y était venu avec le P. Rodriguez ; et, au moment de partir, dans l'effusion des adieux qui devaient être les derniers, il fit à son compagnon cette mémorable confidence : « Quand nous habitions Rome, et que nous étions ensemble dans un hôpital, vous m'entendîtes, une nuit, m'écrier : Encore plus, Seigneur, encore plus! Je vous refusai alors l'explication de mes paroles; mais au moment de nous séparer pour ne plus nous revoir, je dois vous la donner. Dans cette heureuse nuit, Dieu m'avait montré en songe tout ce que je devais souffrir pour sa gloire, et il daigna m'inspirer tant d'attrait pour les souffrances, que je lui en demandai davantage. J'espère qu'aux Indes ce désir sera satisfait. » Il ne se trompait pas. Cinq mois de traversée furent cinq mois d'épreuves. Les tempêtes, les privations, les maladies abondèrent. Puis le vaisseau aborda au Mozambique; après six mois de séjour forcé, il fit voile pour les Indes; et Xavier, à peine arrivé à Goa, se prosternait aux pieds du vénérable évêque Jean d'Albuquerque, qui bénissait avec bonheur ce vaillant ouvrier si désireux de travailler à la vigne du Seigneur.

Ses premiers auditeurs furent des enfants et des esclaves; ils lui fournirent tout d'abord une ample moisson de néophytes. Les brachmans eux-mêmes, c'est-à-dire les docteurs de la fausse sagesse si répandue aux Indes, se rendirent aux éloquentes exhortations d'un saint qui confirmait la vérité de ses paroles par d'éclatants miracles. Il prêchait partout, et partout la foule restait suspendue à ses lèvres. Il ne voulait ni trève ni repos, se contentait de trois heures de sommeil, sur la terre nue, se nourrissait de riz et d'eau, vivait d'austérités et réduisait son corps en servitude. Aussi rien ne résistait à sa puissance, les conversions ne se comptaient plus, et, à certains jours, ses bras, harasssés de fatigue, refusaient pour ainsi dire de se lever quand il voulait administrer le baptême.

Pendant que Xavier abordait à Goa, une violente tempête jetait trois marchands portugais sur les côtes du Japon (1542). Ces négociants, ayant reçu bon accueil, en profitèrent pour établir des relations avec les indigènes et préparer un nouveau débouché à leur commerce. Ils se décidèrent même à prolonger leur séjour à Cangoxima, dans le royaume de Saxuma, afin de s'y créer une nombreuse clientèle; et parmi les personnes qu'ils fréquentèrent, il se trouva un homme d'une haute condition, un noble fort riche, appelé Augeroo. Peu à peu ce Japonais donna sa confiance aux trois Européens et devint leur ami. Il s'ouvrit à eux, leur raconta que le souvenir des désordres de sa jeunesse le tourmentait, qu'il avait eu beaucoup d'entretiens à ce sujet avec les bonzes, mais qu'ils n'avaient rien pu faire pour apaiser sa conscience, et que ses remords le rendaient malheureux. Les Portugais lui témoignèrent de la sympathie, et lui donnèrent quelques bons conseils sans parvenir à lui rendre un peu de paix.

Deux ans plus tard, un autre commerçant, Alvare Vaz, se rendit à Cangoxima, se mit en relation avec le noble Japonais, en reçut les mêmes confidences, et lui suggéra une résolution plus efficace que les avis donnés par ses devanciers. « Allez, lui dit-il, à François Xavier, l'apôtre des Indes; vous le trouverez à Malaca; quand vous l'aurez vu et que vous aurez suivi ses conseils, vous retrouverez le calme que vous cherchez en vain depuis longtemps. C'est un homme très-aimé du ciel: la sagesse et l'efficacité de sa parole dissiperont votre chagrin. » Angeroo se sentit tout d'abord disposé à prendre ce grand parti; mais bientôt l'indécision le retint, et il était encore incertain, quand la rencontre d'un ennemi qu'il tua dans un combat acharné, le décida promptement à s'expatrier, afin d'échapper aux poursuites. Il partit donc en toute hâte, suivi de deux serviteurs, et aborda Malaca en 1546. Xavier venait d'en partir pour aller porter aux îles Moluques la lumière de l'Evangile! Plus triste et plus découragé que jamais, Augeroo voyagea pendant de longs mois en pays étranger, sans oser rentrer dans sa patrie. Alvare le rencontra, l'entoura de son affection, et lui persuada de se diriger de nouveau vers Malaca pour y voir le saint. Cette fois l'apôtre était de retour; il accueillit le Japonais avec son cœur et l'embrassa. La conversation fut très-longue, grâce à la langue portugaise qui servait de trait d'union; et bientôt le néophyte commençait à comprendre que pour obtenir l'accomplissement de ses vœux, il lui fallait adorer et servir le vrai Dieu : Xavier le convainquit de cette nécessité et lui expliqua les grandes vérités de la religion; puis il l'envoya avec les deux serviteurs au séminaire de Sainte-Foi, appelé aussi collége de Saint-Paul, et situé à Goa. C'est là que leur éducation religieuse fut complète ; c'est là aussi que l'évêque des Indes, bénissant en eux le représentant d'un peuple nombreux et les présages d'un abondante moisson, leur administra le baptême le jour de la Pentecôte 1548. Ce sacrement rendit immédiatement à Augeroo la paix qu'il cherchait en vain depuis tant d'années. Il s'appela dès lors Paul de Sainte-Foi, en mémoire de la maison où il avait reçu tant de grâces. Ses compagnons prirent les noms de Jean et d'Antoine, et commencèrent avec leur maître les exercices de saint Ignace. Pendant cette retraite de trente jours, si efficace pour pénétrer les âmes de l'importance du salut, les néophytes furent soutenus et encouragés par les faveurs célestes. Plus que les deux autres,

Paul de Sainte-Foi émerveillait les religieux: l'amour divin s'épanchait de son âme comme d'un vase qui ne peut plus contenir sa précieuse liqueur; ses élans s'exprimaient à haute voix, et les échos du séminaire répétaient les accents de sa reconnaissance. Suivant le vœu que saint Paul, son patron, adressait aux fidèles de son temps, le Dieu d'espérance comblait sa foi d'allégresse, et son zèle brûlait de partager avec ses compatriotes le bonheur dont il était inondé. François Xavier de son côté aspirait à la conquête du Japon; aussi le maître et le disciple, unis dans une même volonté, ne tardèrent pas à combiner leur plan et à préparer leur départ. Les amis du missionnaire s'efforçaient de combattre son projet; mais leurs instances demeurèrent impuissantes; à ceux qui s'effrayaient de la longueur et des périls de la traversée, il répondait : « La crainte du naufrage ne vous arrête pas, vous êtes prêts à courir tous les risques pour aller chercher de l'or et de l'argent; et moi, je serais assez lâche pour craindre une tempête quand je sais qu'une foule d'âmes rachetées du sang de mon Dieu périssent faute d'instruction et de secours !... Je n'ai qu'un regret, c'est que vous m'ayez prévenu. Quelle honte pour un ministre de Jésus-Christ d'avoir été moins diligent à lui donner de nouveaux adorateurs, que des négociants à se procurer un petit gain et à servir un intérêt temporel ! »

Une fois muni de l'autorisation de saint Ignace, il n'attendit plus pour s'embarquer que la saison propice à la navigation. Il se livrait plus que jamais aux pratiques de la vie intérieure; et le Seigneur, voulant le disposer aux pénibles travaux de ce nouvel apostolat, versait dans son âme des torrents de délices spirituelles. C'est alors qu'on l'entendit s'écrier : « C'est assez, mon Dieu, c'est assez ! faites cesser des faveurs qu'une créature mortelle n'est pas capable de supporter en ce monde, ou bien appelez-moi dans le séjour de votre gloire. »

Le départ de Goa eut lieu en avril 1549. Xavier emmenait avec lui les trois Japonais ses futurs introducteurs, et il était accompagné de deux religieux, le P. de Torrez, naguère encore grand-vicaire des Indes, et le frère Jean Fernandez, riche Portugais, qui avait fait le sacrifice d'une position brillante pour devenir pauvre volontaire, et mettre, au service de Jésus-Christ sa jeunesse, son esprit, son aptitude pour les langues, sa parole entraînante.

Les voyageurs arrivèrent à Malaca vers la fin de mai; mais là de nouveaux délais furent imposés à leur ardeur, et là aussi commencèrent les épreuves de l'apôtre. Après avoir été comblé de consolation, il tomba dans un état de tristesse et d'angoisse qui aurait détourné de son entreprise un cœur moins énergique que le sien. L'avenir lui apparaissait tout noirci de tempêtes et d'orages; sa tentative lui paraissait téméraire et réprouvée par le plus vulgaire bon sens. C'était l'action redoutable de l'esprit des ténèbres. Au milieu de ses accablements, Xavier ne se décourageait pas; il priait beaucoup, il récitait souvent les actes de foi, d'espérance, de charité, et il retrouvait toujours dans cette simple profession de christianisme le surcroit de force et de résolution dont il avait besoin. Après une lutte acharnée, la victoire lui resta, et le jour du départ ne tarda pas à venir. On s'embarqua sur une *jonque* ou petit bâtiment chinois, appartenant à un pirate si connu par ses brigandages que son navire s'appelait *la jonque du voleur*. Les cent premières lieues n'offrirent que les incidents ordinaires d'une heureuse traversée; mais alors survinrent les arcs-en-ciel pourprés, signes avant-coureurs des typhons. On appelle ainsi des vents impétueux, soufflant à la fois de différents points de l'horizon, changeant à chaque instant de direction, et mettant en grand péril les navires si souvent exposés à périr dans ces mers lointaines, les plus orageuses de toutes celles qui couvrent la surface du globe. Le capitaine prit les précautions indiquées par l'expérience, puis il continua la traversée; mais il perdit du temps en s'arrêtant plusieurs fois pour complaire aux prétendues volontés d'une idole placée sur la poupe de son vaisseau, et qu'il consultait souvent. Nos voyageurs eurent de leur côté beaucoup à souffrir de ses caprices et de sa grossièreté. Enfin, après sept semaines de traversée, ils faisaient leur entrée à Cangoxima le 15 août 1549, en priant la sainte Vierge de bénir leurs efforts et leurs espérances.

La famille de Paul de Sainte-Foi, qui l'aimait tendrement, se persuadait qu'il était mort, et l'avait beaucoup pleuré. Quand il apparut dans sa maison, ses proches pouvaient à peine en croire leurs yeux; ce fut une explosion touchante de joie et d'actions de grâces!

Dans les premiers épanchements de son âme, il se hâta de raconter sa conversion, et il exhorta les siens à suivre son exemple. Après un certain nombre d'entretiens, il eut le bonheur de voir sa femme, sa fille et la plupart de ses parents décidés à servir Jésus-Christ. Il sollicitait à quelque temps de là une audience du roi de Saxuma. Ce prince était bon, intelligent, mais faible et prompt à s'effrayer. Il accueillit avec bienveillance son noble sujet, et amnistia le meurtre qu'il avait commis. Il écouta même avec un vif intérêt ce que Paul lui dit des beautés du christianisme; il alla jusqu'à se se prosterner devant un tableau qui lui fut apporté dans cette première entrevue, et qui représentait la sainte Vierge portant dans ses bras le divin Enfant. Bientôt, sous l'impression du respect que lui inspirait la foi chrétienne, il rendait un édit autorisant les prêtres venus d'Europe à prêcher leur religion dans son royaume.

Xavier dès son arrivée s'était adonné avec ardeur à l'étude si difficile de la langue japonaise : il en savait assez au bout de quelques semaines pour pouvoir annoncer aux indigènes la parole de vie ; ses deux compagnons l'avaient imité, et tous trois se mettaient résolument à l'œuvre. Le grand apôtre prêchait dans les rues, dans les carrefours, sur les places publiques : les Japonais accouraient pour l'entendre : aussi la vérité ne tarda pas à pénétrer dans un certain nombre d'âmes. Ses chaleureuses exhortations, son émotion visible lorsqu'il célébrait les saints mystères, la douceur de ses regards, la bonté qui rayonnait sur tout son visage, sa tendre compassion pour toutes les souffrances, sa bienfaisante influence sur les consciences, au tribunal de la pénitence, ses austérités et ses miracles, tout en sa personne impressionnait et inspirait confiance. Il recevait de fréquentes visites; on venait le consulter pour toute sorte de besoins, et après avoir causé avec lui, on se sentait éclairé, fortifié et consolé.

Le premier néophyte fut un homme d'une position modeste; il prit au baptême le nom de Bernard et voulut s'attacher au service de la mission. Au bout de quelques mois, toutes les classes de la société comptaient dans leur sein de fervents catéchumènes: et ces premières victoires autorisaient les plus belles espérances pour l'avenir. Le roi semblait toujours favorable à la liberté de conscience. Cette disposition comblait les vœux de Xavier; car s'il cherchait à conquérir les âmes, c'était pour les éclairer, et il ne voulait vaincre que par la persuasion. Le généreux apôtre crut à propos de témoigner au prince sa sincère reconnaissance. L'audience sollicitée par lui fut gracieusement accordée, et la conversation dura longtemps. La famille royale ne pouvait se lasser d'écouter un religieux qui parlait si bien de Dieu, de l'âme et du ciel. Seulement elle avait peine à s'expliquer comment un homme si distingué avait pu traverser les mers, et se condamner à tant de privations pour amener à sa foi des inconnus qui ne devaient lui inspirer aucun intérêt. Il fut traité avec la plus grande distinction, et il emporta de cette journée un nouvel encouragement pour son ministère.

Les bonzes eux-mêmes, frappés de sa supériorité, voulurent dans les premiers temps rendre hommage à sa vertu, et deux d'entre eux durent à la pureté de leurs mœurs le bonheur de leur conversion. Mais ces bonnes dispositions ne durèrent pas. Ceux qui avaient résisté à l'appel de la grâce ne tardèrent pas à comprendre que si la vérité continuait à conquérir les âmes, ils perdraient incessamment les ressources nécessaires à leur existence, parce que leur ministère serait méprisé. Cette extrémité les alarma ; pour y échapper, ils essayèrent de discréditer les nouveaux venus, et ne reculèrent pas devant l'odieux emploi des invectives et des calomnies. Xavier répondit par des miracles. Les actes de sa canonisation en relatent plusieurs qui remontent à cette époque. Ils citent une pêche d'une abondance merveilleuse, obtenue à sa prière par un marin découragé d'avoir longtemps travaillé sans rien prendre; un enfant soudainement guéri d'une maladie réputée incurable, et une fille unique ressuscitée. Le père désespéré de cette jeune fille avait eu recours à François, qui lui dit, après une prière dont la ferveur avait été puissante : « Allez, mon frère, vos vœux sont exaucés. » Le malheureux Japonais n'avait pu en croire ses oreilles, et s'était figuré que ces paroles n'avaient d'autre but que de l'éconduire plus vite. Il commençait à s'en offenser, quand il aperçut de loin un serviteur accourir vers lui en lui criant : « Votre fille a retrouvé la vie ! » Bientôt elle-même allait à sa rencontre et sautait à son cou. Avant la fin du jour, le père et la fille demandaient le baptême.

Déjà l'assemblée des fidèles comptait environ cent membres ; les apôtres des idoles le savaient et en étaient exaspérés. Ils se concertèrent pour frapper un grand coup. Des marchands portugais venaient d'aborder au Japon et s'étaient dirigés vers le royaume de Firando hostile à Saxuma son voisin. Le roi, informé de ce fait, en était blessé ; les bonzes se hâtèrent d'exploiter ce mécontentement à leur profit, et demandèrent à être entendus. L'un d'eux porta la parole au nom de tous : « Prince, dit-il, vous n'admettez sans doute pas que la Chine et le Japon soient restés depuis tant de siècles plongés dans l'erreur, et que la lumière vienne des étrangers. Comme nous, vous adorez nos anciens dieux; mais alors vous n'êtes que plus coupable de permettre que leur puissance soit méconnue et leurs temples profanés. Quelle ne serait pas la colère de l'empereur s'il apprenait que vous tolérez pareil scandale ! Réprimez au plus tôt ces abus intolérables; sinon, vos voisins envahiront vos états, et vos sujets restés fidèles à nos divinités s'uniront à vos ennemis pour détruire votre pouvoir. Déjà ces chrétiens vous font connaître de quoi ils sont capables; c'est leur malice qui a dirigé les Européens vers Firando et qui les a détournés de Cangoxima. Prévenez de nouveaux malheurs en proscrivant leurs missionnaires ; autrement nous nous retirerons avec nos dieux, et rien n'arrêtera plus leurs foudres vengeresses. »

A ce discours hardi, insolent, le pauvre roi, tout effrayé, répondit qu'il se rendrait aux désirs dont il recevait l'expression, et en effet il fit publier un édit qui défendait, sous peine de mort, de renoncer à la religion des ancêtres.

Aussitôt les idolâtres, glacés par la peur des châtiments, restèrent dans leurs maisons et n'osèrent plus se rendre aux lieux où le missionnaire continuait à prêcher; mais les nouveaux chrétiens y accouraient toujours, et ils promettaient d'affronter la mort plutôt que d'apostasier.

François, persuadé que son zèle produirait plus de fruits là où il serait moins entravé, s'éloigna de Cangoxima, où il avait séjourné un an, et prit la route de Firando; avant de partir, il chargea Paul de diriger la chrétienté naissante, de l'instruire et de l'assister.

Le jour des adieux fut bien triste : les liens qui se forment dans la charité sont chers et durables; ce sont comme des amitiés toutes faites, mille fois plus solides que les affections fondées seulement sur la similitude des goûts et des intérêts matériels. « Nous prîmes congé de nos néophytes, écrivait à ce sujet le saint; mais ce ne fut pas sans regrets, ce ne fut pas sans larmes de part et d'autre !... »

« Ces pauvres gens s'épuisaient en remercîments de ce que nous étions venus de si loin et à travers de si grands dangers pour leur enseigner le chemin du ciel. » Ils comprenaient le prix de la foi, ils travaillèrent à la répandre autour d'eux. La conduite si ferme et si édifiante de Paul, les solides vertus des fidèles, les prières de plusieurs seigneurs firent impression sur l'esprit du roi : il reconnut que les menaces intéressées des bonzes n'étaient dignes que de mépris, ajourna l'exécution de son édit contre les chrétiens, qui se multiplièrent rapidement, et quelques années plus tard il s'adressait au vice-roi des Indes pour lui demander des missionnaires de la religion de celui que les Japonais surnommaient *le saint par excellence.*

Ce saint se mit en route en compagnie du P. de Torrez et du frère Fernandez; suivant sa constante habitude, il voyageait à pied emportant sur lui sa chapelle.

A quelque distance de Cangoxuma, il rencontra une forteresse d'un aspect redoutable, appelée Hexandono, et apppartenant à un tone ou seigneur, vassal du roi de Saxuma. Ce fort, bâti sur un rocher très-escarpé, entouré de larges fossés creusés dans le roc et remplis d'eaux courantes, paraissait imprenable, surtout au Japon, où l'art militaire est encore dans l'enfance. Pour s'en emparer, il eut fallu l'investir et amener par la famine les habitants à capituler. Derrière le fort, se trouvait un beau palais et de ravissants jardins. C'est là que l'apôtre fut introduit par les serviteurs du gouverneur, qui, le rencontrant sur le chemin, l'invitèrent à visiter leur maître. Ce seigneur, heureux de voir le *bonze chrétien* dont la renommée racontait la merveilleuse histoire, le combla d'honneurs, lui présenta sa famille, sa petite troupe, ses nombreux domestiques, et les groupa tous autour du saint pour recueillir sa parole. Cette parole fut tellement bénie, qu'elle produisit immédiatement dix-sept conversions, parmi lesquelles on remarquait la femme et le fils du tone. Ce seigneur n'osa pas se faire baptiser lui-même, de peur de déplaire au roi; mais il promit d'embrasser la vraie religion dès qu'il y serait autorisé. Xavier installa comme catéchiste l'intendant de la maison. Il lui donna une discipline dont il s'était servi, qu'on garda comme une précieuse relique, et il lui traça un règlement qui fut scrupuleusement observé. Ce fervent néophyte présidait les reunions, où il récitait chaque jour les litanies des saints; et chaque vendredi il y ajoutait les psaumes de la pénitence; le dimanche il devait lire à haute voix une partie de la doctrine chrétienne.

De nombreuses salves d'artillerie célèbrèrent l'arrivée de Xavier à Firando. Les Portugais choisirent ce moyen de manifester leur joie et leur vénération. Le roi du pays témoigna bien vite le désir de connaître l'apôtre, qui se rendit à l'audience, escorté par tous les Européens, reçut l'accueil réservé aux plus grands personnages, et emporta de cette première entrevue l'autorisation de prêcher dans tout le royaume. En sortant du palais, le saint se mit à parler du vrai Dieu sur la place publique, et il attira de nombreux auditeurs. Après vingt jours de travaux, il comptait plus de chrétiens qu'il n'en avait laissé à Cangoxuma. Il enseignait la vertu en la pratiquant avec héroïsme, et la vérité en l'annonçant avec un dévouement sans bornes. Il n'avait ni vêtements ni aumônes à distribuer; mais comme il n'y a pas une herbe que la rosée ne rafraichisse, il n'y a pas un cœur que sa charité ne consolât : il donnait aux malades la santé, ce bienfait supérieur à tous ceux qui finissent avec la vie, et ses guérisons merveilleuses persuadaient ceux que son éloquence n'avait pu réussir à convaincre.

Déjà les conquêtes de Saxuma et de Firando ne suffisaient plus à son zèle. Il brûlait de convertir toutes les provinces de l'empire; il voulut se rendre à Méaco[1] pour y voir l'empereur et obtenir la permission générale de prêcher dans le Japon. Cette entreprise était hérissée de difficultés et de périls. C'était en hiver; il fallait emprunter la voie de mer, puis s'engager dans des chemins impraticables, couverts de neige et de glace, traverser des contrées inhabitées, où l'on rencontrait à peine de loin en loin des chaumières dépourvues de ressources, et affronter toutes ces fatigues sans autre nourriture que du riz grillé. La santé de Xavier ne résista pas à ce régime;

[1] Méaco signifie *digne d'être vue* : la ville qui porte ce nom était alors l'unique capitale de l'empire, et la résidence de l'empereur ou mikado.

il tomba malade en chemin; mais il se releva promptement, et se remit en marche, malgré l'extrême rigueur de la saison. Les routes étaient tellement chargées de neige, que l'œil les confondait avec les champs, et qu'on était exposé à s'égarer dans des plaines où il n'y avait plus qu'à mourir de faim et de froid. Une fois, entre autres, ce danger devint imminent; mais Dieu veillait sur son fidèle serviteur : il lui ménagea la rencontre d'un cavalier qui suivait la même direction, qui connaissait bien la route et qui devint son guide.

A son entrée à Méaco, Xavier trouva cette capitale désolée par la guerre civile. Les individus tremblaient pour leur vie, les pouvoirs publics craignaient d'être renversés; personne ne jouissait de cette liberté d'esprit que l'apôtre espérait rencontrer. Il sonda le terrain, reconnut que les circonstances ne lui permettaient aucune démarche fructueuse, et il revint à Firando. Ce voyage inutile en apparence avait cependant beaucoup servi sa cause. En parcourant ainsi une partie importante du pays, il s'était arrêté dans les villes et les bourgades pour y annoncer la bonne nouvelle. Souvent il n'avait recueilli qu'injures, humiliations et mauvais traitements, deux fois il avait faili être lapidé ; mais à ses yeux les souffrances de l'âme et du corps étaient des bénéfices dont il se réjouissait, et son courage à les accepter attirait sur son ministère des bénédictions inespérées. C'est ainsi qu'une première fois s'étant présenté à Amanguchi, il y avait trouvé une riche cité, habitée par des commerçants qu'absorbaient les soins de leur négoce, par des hommes peu soucieux de la vie future et bien décidés à ne pas réprimer leurs passions. Mais une deuxième tentative fut couronnée de succès. Le roi de ce pays, auquel François eut l'heureuse idée d'offrir quelques présents que le vice-roi des Indes et le gouverneur de Malaca l'avaient supplié d'emporter au Japon, fut touché de cette bonne grâce ; il s'empressa d'offrir à l'apôtre une somme considérable dont le saint ne voulut rien accepter, admira ce désintéressement et lui permit gracieusement de prêcher une religion qui inspirait tant de vertu. Il alla plus loin ; il le logea dans une ancienne bonzerie avec ses compagnons. Aussitôt, à l'indifférence dont François avait gémi, succéda un empressement général, et un tel zèle pour le consulter, que sa maison était comme assiégée le jour et même la nuit.

Les bonzes eurent la témérité d'entrer en lice avec lui, et d'accepter des conférences où leurs sophismes furent victorieusement réfutés : en deux mois, cinq cents personnes au moins, appartenant pour la plupart aux familles les plus distinguées du royaume, étaient conquises à la vérité. C'est à ce propos que Xavier, à peine entré dans l'âge mûr, écrivait : « Je suis tout blanc, cependant je suis plus robuste que jamais : il y a tant de joie dans les fatigues qu'on prend pour instruire un peuple raisonnable, qui aime la vérité et qui veut sincèrement son salut ! »

Un jour, Fernandez prêchait sur une place publique d'Amanguchi, lorsqu'un homme du peuple s'approcha tout à coup de sa personne comme pour lui soumettre un doute ; le religieux interrompit son discours, se tourna du côté d'où il attendait une question, et à peine ce grossier Japonais fût-il arrivé près du missionnaire, qu'il couvrit son visage de crachats ! Parmi les assistants, les uns se mirent à rire, et les autres s'indignèrent. Quant à Fernandez, il n'en manifesta aucune émotion, reprit son argument et continua son sermon avec un calme parfait. A cette vue, tous admirèrent l'apôtre ; le lendemain un jeune bonze fort instruit demandait le baptême, et sa conversion en décidait une foule d'autres. L'élan vers la vérité devint si important, que la fausse prudence du roi essaya d'enrayer le mouvement en confisquant les biens de quelques seigneurs; mais au lieu d'intimider, ce procédé inique ne fit qu'augmenter la ferveur, selon le témoignage de Xavier. « Parmi les trois mille chrétiens d'Amanguchi, il n'y en avait aucun qui ne fût dans la disposition sincère de tout perdre pour conserver sa foi. »

Cependant un vaisseau portugais, commandé par Edouard de Gama, l'ami du grand apôtre, venait d'entrer dans le port de Figen (royaume de Bungo), avec prochaine destination pour les Indes. Xavier désirait retourner à Malaca, afin d'y régler les affaires des missions et de choisir de nouveaux ouvriers pour défricher au Japon les vastes champs du Père de famille; car il pressentait qu'une abondante moisson mûrissait sur tous les points de cet important archipel. Il résolut donc de se rendre à Figen, après avoir organisé, suivant sa coutume, le service de la chrétienté d'Amanguchi.

Le jeune roi de Bungo, Civandono, passait pour le prince le plus instruit, le plus brave et le plus distingué de son temps. Il avait grand désir de voir l'apôtre; et dès qu'il le sut à Figen, il lui écrivit une aimable lettre pour l'engager à se rendre dans sa capitale, appelée Funaï. Il l'attendait debout sur son trône; mais dès qu'il l'aperçut escorté par les Portugais, il fit plusieurs pas pour aller à sa rencontre, et soudainement frappé par la majesté d'un visage où rayonnait la sainteté, à la stupéfaction de tous, il s'inclina trois fois jusqu'à terre. Le père répondit avec grâce à une réception si imprévue; puis il se mit à annoncer Jésus-Christ, et il le fit si bien que le roi charmé s'écria : « Nos bonzes ne parlent pas comme cela! » Il voulut le faire manger avec lui : c'était la plus grande marque de distinction qu'il put lui donner. Le père dina seul avec le prince : ils étaient entourés l'un et l'autre des courtisans et des Portugais à genoux, suivant la coutume du pays. Dès le lendemain, Xavier prêchait en public; toute la ville voulut l'entendre, et chaque jour amenait quelques conversions notables. Il n'y en eut peut-être pas de plus éclatante que celle du bonze Sacai Eeran. C'était un des hommes les plus instruits et les plus capables de sa religion : la variété de ses connaissances, l'extrême facilité de son élocution et surtout la régularité de sa conduite lui donnaient un grand crédit dans le royaume. Dès le début des controverses, il entrevit la lumière; mais il voulut prolonger la lutte, et ne consentit à se reconnaître vaincu qu'après une énergique résistance. Enfin, terrassé par la grâce comme saint Paul sur le chemin de Damas, il se prosterna contre terre; puis, élevant vers le ciel ses mains suppliantes et ses yeux baignés de larmes, il s'écria d'une voix forte qui cherche à se faire entendre de la foule assemblée : « O Jésus, Fils unique du Père éternel, je me rends à vous ! je confesse que vous êtes le Dieu tout-puissant. Mes frères, si jusqu'à ce jour je ne vous ai enseigné que des erreurs et des fables, pardonnez-moi : j'avais été trompé le premier. »

Cet événement émut toute la ville et eut beaucoup de retentissement au dehors. Les prêtres des idoles en furent atterrés, et se voyant à la veille de perdre leur influence, ils mirent tout en œuvre pour prévenir la ruine qui les menaçait. Ils essayèrent d'abord d'intimider les grands dont ils flattaient les convoitises, en leur enseignant que les pauvres étant des criminels, il était juste de les maltraiter, et qu'on serait coupable de les secourir, comme le prescrivait la religion chrétienne. Mais le saint avait convaincu ses auditeurs de l'absurdité de cette doctrine; il avait su gagner leur confiance et leur estime : aussi résistèrent-ils à toutes les suggestions. Les bonzes tentèrent, sans plus de succès, de soulever les masses; ils en revinrent à solliciter des conférences et mirent en avant leurs plus habiles docteurs. Toujours battus sur le terrain de la controverse et du raisonnement, ils laissent enfin éclater une fureur qu'ils ne savent plus contenir. Ils ferment les temples, publient que les dieux irrités n'exauceront plus personne, et ils parviennent ainsi à semer le trouble en ameutant la populace. A cette nouvelle les Portugais, effrayés pour leurs richesses et pour leur vie, se retirent sur leurs vaisseaux et s'éloignent de terre; mais le capitaine, se rappelant que le saint a dû rester à Funaï, se jette dans une chaloupe et court à sa recherche. Il le rencontre chez un catéchumène, entouré de chrétiens qu'il exhortait au martyre, et persuadé qu'il allait enfin lui-même jouir du bonheur de mourir pour Jésus-Christ. Comme Edouard de Gama le pressait de se refugier sur son bâtiment, « Y pensez-vous, lui dit-il, quoi ! j'abandonnnerais mon troupeau à la merci des loups ! A Dieu ne plaise que je deshonore ainsi mon ministère ! » Cette énergie ranima celle du noble Portugais : il revint vers son équipage, le harangua vivement, et lui déclara qu'il retournait dans la ville, décidé à mourir avec Xavier ou à le sauver au péril de ses jours. Les Portugais, honteux de leur fuite, descendirent à terre ; les méchants tremblèrent, les bons furent rassurés, et le tumulte cessa.

Après quelques nouvelles discussions qui mirent dans un nouveau jour la supériorité de la vérité catholique sur les système erronés des religions japonaises, Xavier prit congé du roi, adressa aux fidèles ses dernières recommandations, et partit pour Malaca.

Son séjour aux Indes fut de courte durée ; il y trouva des pouvoirs nouveaux que lui adressait saint Ignace avec le titre de provincial de la compagnie de Jésus pour les Indes et tous les états d'Orient. Investi d'une autorité considérable, il choisit un vice-provincial, écrivit des instructions détaillées pour ses confrères de Malaca et du Japon, régla les affaires de la Compagnie, et fit toutes ses dispositions pour une nouvelle absence. Il lui tardait d'aborder la Chine; et bientôt, armé d'un catéchisme qu'il avait traduit en langue chinoise, il s'embarquait sur un bâtiment qui faisait voile vers cette immense région. Il avait préparé pour le souverain de la Chine une ambassade qui devait lui ouvrir les portes de l'empire; mais le gouverneur de Malaca, cédant aux suggestions d'une basse jalousie, entrava l'exécution du projet, et fit enlever le gouvernail du vaisseau sur lequel le saint devait faire la traversée. Xavier choisit alors un autre bâtiment à destination de Sancian, petite île située en vue des côtes de la Chine, avec le dessein de profiter de la première occasion pour pénétrer dans l'intérieur des terres. Bien des barques chinoises venaient là, chaque année, pour échanger leurs produits avec ceux des Portugais ; mais aucune ne consentit à se charger de l'apôtre et à contrevenir ainsi à l'une des lois les plus rigoureuses du pays. Cependant, après bien des mécomptes, un marchand promit de mener Xavier aux portes de Canton, à la condition que là il se laisserait saisir par un agent de police qui le conduirait au vice-roi. Mais pendant qu'il attendait la barque si désirée, acceptant d'avance l'esclavage et peut-être la mort violente qui lui étaient réservés, la maladie vint le visiter : une fièvre violente le saisit, et une fluxion de poitrine foudroyante le conduisit aux portes du tombeau. Il fut déposé sur le rivage inhabité, dans une cabane mal abritée par quelques planches disjointes et des branches desséchées ; il fut étendu sur une natte qui couvrait le sol ; et là il attendit avec confiance sa dernière heure. Une révélation lui apprit que son départ suprême était proche. Comme on voulait essayer de le soulager par une saignée, « J'y consens, dit-il, mais c'est inutile; vendredi, à deux heures, je sortirai de ce monde. » Il se réjouissait à la pensée qu'il allait entrer dans son éternité; et on l'entendait répéter : « O Trinité sainte, en qui j'ai espéré, pour qui j'ai toujours travaillé, soyez-moi propice ! » — « Jésus, ayez pitié de moi ! » « Vierge sainte, montrez que vous êtes ma mère. »

Enfin, le vendredi 2 décembre 1552, à deux heures, il rendait le dernier soupir en baisant le crucifix et en prononçant à haute voix ces paroles : *In te, Domine, speravi : non confundar in æternum* [1].

C'est ainsi qu'il expira sur une plage déserte, à six mille lieues de sa patrie, privé des consolations de la terre et des secours

[1] Seigneur, j'ai placé en vous mon espérance : je ne serai jamais confondu.

du ciel, loin de la double famille que la nature et la religion lui avaient donnée, sans pouvoir entendre la parole qui absout, sans recevoir l'huile sainte qui fortifie contre les derniers combats. Mais cet abandon si pénible à la nature était un gage assuré de sa prochaine félicité. Il y avait dans de si complets délaissements une vertu cachée qui achevait sa perfection et ajoutait à sa couronne d'inestimables fleurons. Ses rudes travaux gagnaient sa cause au tribunal de la justice divine, et ses rares mérites lui ouvraient les portes du ciel !

Ses restes, confiés à la terre, furent couverts de chaux vive : et quand on voulut, soixante dix-sept jours après sa mort, les transporter à Malaca, il se trouva que la chaux ne les avait pas altérés ; le corps était resté intact, et il s'en exhalait de suaves parfums [1]. De nombreux

[1] En 1639, une simple inscription fut placée à Sancian sur la place même où les reliques du saint reposèrent quelque temps. En

prodiges obtenus par son intercession ne tardèrent pas à prouver le crédit dont il jouissait près de Dieu.

1700, un petit sanctuaire y fut érigé; et, de nos jours Mgr Guillemin, évêque de Canton, a résolu d'y construire une chapelle, d'y fonder une école, et de placer sur une des montagnes de cette île une croix, qui suggérera une prière aux voyageurs appelés dans ces lointains parages.

CHAPITRE III

Travaux du P. de Torrez, de Fernandez et de plusieurs autres religieux de leur ordre. — Deux bonzes célèbres se convertissent. — Louis Almeida fonde deux hôpitaux. — Miracles à Firando. — Zèle d'un enfant pour la foi. — Martyre d'une femme esclave. — Bonzerie de Frénoxama. — Le P. Viléla à Méaco. — Ferveur des néophytes au château de Héxandono. — Une église dans les îles du Gotto. — Conversion des rois d'Omura, d'Arima et de Bungo. — Foi vive et généreuse de ce dernier prince. — Ambassade solennelle envoyée à Rome.

Nul ne saurait dire le nombre des âmes que saint François Xavier avait conquises à la vérité. Des historiens assurent qu'à la mort de ce grand apôtre il y avait deux cents mille chrétiens au Japon. Après son départ pour le ciel, son esprit, ses exemples inspirèrent visiblement la Compagnie de Jésus; les plus vaillants missionnaires aspirèrent à l'honneur d'évangéliser l'empire du Soleil levant, et ses successeurs s'efforcèrent de suivre ses traces en imitant ses héroïques vertus. Les chrétiens de leur côté rivalisaient de zèle et de ferveur. C'était merveille de voir des seigneurs habitués au luxe et à la sensualité montrer une telle soif d'austérités qu'il fallait modérer leurs élans; ils faisaient des aumônes jusqu'à se dépouiller de tout, et assistaient avec joie les pauvres qu'ils regardaient naguère comme des réprouvés. Ils devenaient eux-mêmes catéchistes, et répandaient au loin, sans le secours des missionnaires, la précieuse semence de la vérité. C'est ainsi qu'avant l'arrivée d'un seul prêtre, à Arima, il s'y trouvait quinze cents chrétiens.

Torrez et Fernandez étaient toujours les seuls religieux venus d'Europe pour propager la foi ; ils ne cessaient d'enseigner, de prier, et d'administrer les sacrements : ils embrassaient des travaux au-dessus de leurs forces, et ils auraient succombé sous le poids de la fatigue, si Dieu ne les avait merveilleusement assistés. Ils visitaient avec un zèle infatigable les nombreuses chrétientés, et grossissaient incessamment le chiffre des néophytes. Souvent des incidents notables signalaient les conversions.

Deux bonzes renommés à cause de leur science étaient venus de Méaco à Amanguchi pour discuter avec le P. de Torrez, bien persuadés qu'ils n'auraient pas de peine à le confondre et à le perdre dans l'opinion publique. Après plusieurs conférences, dans lesquelles ils avaient exposé une foule de difficultés plus ou moins sérieuses et toujours réfutées, ils demandèrent l'histoire de saint Paul souvent cité dans la controverse ; et quand ils l'eurent attentivement écoutée, l'un d'eux s'écria devant la foule assemblée : « Je suis chrétien ; et puisque j'ai imité Paul persécuteur, je veux désormais marcher sur les traces de Paul apôtre. » Puis, se tournant vers son compagnon, il l'exhortait à adorer le vrai Dieu : « Associons-nous pour annoncer la vraie religion que nous avons combattue de concert. Je prendrai le nom de Paul, adoptez celui de Barnabé, et nous travaillerons de concert à l'exemple de ces deux saints. » A peine avait-il parlé, qu'il se jetait aux pieds du P. de Torrez, et son collègue s'agenouillait près de lui. Tous deux s'adonnèrent à l'étude ; dès qu'ils furent suffisamment instruits, ils se mirent à prêcher, parcourant les villes et les villages, et faisant entrer dans le divin bercail bien des brebis heureuses de parvenir par eux à la connaissance et à l'amour du bon Pasteur.

Appelé dans le royaume de Firando, Paul eut la joie de convertir deux princes et une princesse du sang royal. Leur noble détermination produisit un ébranlement général.

Des guerriers, des fonctionnaires bravèrent les préjugés du pays et ne rougirent pas d'adorer le Dieu du Calvaire. Cette chrétienté devint l'une des plus florissantes ; en deux mois elle comptait quatorze cents nouveaux fidèles, et bientôt elle posséda plusieurs sanctuaires. Paul n'eut pas le temps de récolter cette moisson qui jaunissait sous ses yeux. Bientôt il tomba malade, et eut à peine la force de revenir à Funaï pour mourir dans les bras du P. de Torrez.

Cependant ce saint religieux reçut enfin d'Europe des coopérateurs actifs et fervents. Nous nommerons ici Louis Almeïda, gentilhomme venu aux Indes pour y chercher la fortune ; à la place des richesses périssables il sut en acquérir d'immortelles ! Il était habile chirurgien, et la science qui guérissait les corps l'aidait à atteindre les âmes. En arrivant au Japon, il employa quinze mille francs à fonder deux hôpitaux genéreusement dotés par le roi de Bungo, qui avait si bien accueilli Xavier : l'un recevait les lépreux, l'autre recueillait les enfants indigents.

Nous citerons encore les PP. Viléla, Froez, Valégnan, Cabral, Démonté, Gonzalès, Organtin, Jérôme des Anges, Quimura, Moralès, d'Avila, Carvailho, qui ont travaillé avec une grande énergie à la conquête du Japon ; ils eurent pour coopérateurs beaucoup d'autres religieux savants, courageux, éloquents : aussi distingués par l'esprit que par le cœur, ils renoncèrent à la fortune et aux honneurs, et s'exilèrent à jamais chez un peuple plongé dans les ténèbres de l'idolâtrie, pour lui apprendre le chemin du ciel, avec la perspective d'être maltraités par les pirates, calomniés et poursuivis par les bonzes, assaillis de huées et de pierres par la foule ignorante, persécutés par les maîtres de cette nation, au risque enfin de trouver la prison et la mort comme récompense suprême de tant de dévouement ! Si nous ne pouvons les nommer tous ici, nous nous consolons en pensant que leur belle vie est écrite au ciel, dans le livre où rien ne s'efface, et nous ne résistons pas au désir d'appeler sur leurs œuvres la reconnaissante admiration de nos lecteurs. Le bien qu'ils ont opéré n'est pas le patrimoine exclusif de la terre japonaise; tous les catholiques y ont droit, et ils doivent fortifier leur croyance en s'abreuvant à ces eaux vivifiantes de la pénitence et de la charité, qui s'épanchaient de ces âmes généreuses comme de sources intarissables.

Le P. Viléla remplaça Paul à Firando; la foi était si ardente dans ce pays, que la prière, l'emploi de l'eau bénite, la récitation des psaumes obtenaient la guérison des malades avec une foule d'autres grâces sensibles et immédiates.

Les enfants eux-mêmes aspiraient à devenir chrétiens.

Un jour, le missionnaire, traversant une rue, aperçut de loin un petit garçon qui courait vers lui ; il se dirige de son côté et l'interroge ! C'était un néophyte qui voulait le baptême. « Dès que vous serez instruit, mon enfant, dit le religieux, je vous baptiserai. » — « Mon père, ce sera donc aujourd'hui, car je sais tout ce qu'il est nécessaire de savoir ! » Aussitôt il est interrogé, subit un examen sérieux qui prouve son instruction, et reçoit l'eau régénératrice. Peu de temps après, il amenait au P. Viléla sa mère, ses frères et ses sœurs, éclairés et instruits par son zèle.

Chaque jour, les fidèles allaient faire leurs prières au pied d'une croix dressée à l'entrée de la ville. Parmi eux se trouvait une pauvre esclave qui avait vu la vérité et l'avait embrassée avec amour. Assujettie à toutes les rigueurs de la servitude, elle trouvait une ineffable douceur à entendre dire de la part du souverain Maître : « Bienheureux ceux qui sont pauvres, parce que le royaume des cieux les attend. Bienheureux ceux qui pleurent, parce qu'ils seront consolés. » Mais son maître, idolâtre fanatique, ne voulait pas lui accorder cette consolation. Dès qu'il la sut chrétienne, il lui défendit avec colère et menaces de pratiquer la religion de Jésus-Christ. Elle répondit avec une noble fermeté qu'il valait mieux obéir à Dieu qu'aux hommes, que la mort ne faisait pas peur aux chrétiens ; et elle retourna aux assemblées. Le maître devient furieux quand il découvre qu'elle continue à fréquenter les pieuses réunions : il court à sa poursuite le sabre à la main ; elle aperçoit de loin son persécuteur, mais elle ne faiblit pas : au lieu de fuir, elle se met à genoux, et reçoit le coup mortel en invoquant Jésus et Marie.

A quatre lieues de Méaco se trouve une montagne (appelée Frénoxama) dont la célébrité s'étendait à cette époque fort au loin dans le Japon : il y avait là trois mille maisons de bonzes ; c'était comme le centre et le rendez-vous des disciples de Bouddha. On y trouvait un site enchanteur, des bosquets rafraîchis par des sources, et de jolies prairies arrosées par de limpides ruisseaux. Le supérieur de ces bonzes était respecté à cause de son âge, de sa conduite régulière et de sa bienveillance dans l'exercice du pouvoir. Sa tête vénérable portait la triple couronne d'une verte vieillesse, d'une autorité paternellement exercée, et d'une vertu aussi haute qu'il était possible de la rencontrer chez un homme réduit aux seules lumières de la raison. Les bruits de la renommée étaient montés jusqu'à lui, et des relations exactes lui avaient révélé les beautés d'une doctrine pour laquelle il se sentait de l'attrait. Il jouissait de toutes ses facultés morales, mais des infirmités corporelles l'empêchaient d'aller converser avec les missionnaires. Il écrivit au P. de Torrez pour le prier de lui envoyer un de ses religieux. « Après avoir entrepris un si long voyage, disait-il, refuseriez-vous de venir sur notre montagne où votre zèle doit désirer de faire pénétrer votre foi ? » Torrez répondit avec son habituelle charité et promit une visite qui ne se fit pas attendre. Cependant, quand arriva le P. Viléla chargé de cette mission, le vieillard venait de mourir avec ce baptême de désir qui ouvre les portes de la céleste patrie. En effet, avant de rendre le dernier soupir, il avait professé sa foi et avait déclaré croire tout le symbole de la loi chrétienne. A son exemple, son successeur et dix de ses prêtres se montraient favorables au catholicisme. Mais avant de se décider, ils voulaient avoir l'approbation de l'empereur.

L'espoir de l'obtenir décida Viléla à se rendre à Méaco et à demander audience au souverain. Il voulut se préparer à la solennelle entrevue par plusieurs jours de prières et de pénitence. Aussi la Providence inspira-t-elle au maître du pays des dispositions favorables. L'apôtre fut si bien accueilli qu'il crut pouvoir se montrer dans les rues de Méaco avec un crucifix à la main. Il parla plusieurs fois en public et reçut beaucoup de visites. La première conversion fut celle d'un noble gentilhomme, qui alla trouver le père, amenant dix néophytes à sa suite. Cette démarche fit sensation dans la ville. La conversion du bonze Queuxu produisit encore une plus grande impression. C'était un esprit intelligent, qui continuait à prêcher au peuple le culte des idoles, et qui à force d'études philosophiques était parvenu à connaître l'existence d'un seul Dieu éternel et créateur de toutes choses. Il vint écouter le P. Viléla, en lui disant qu'il ne comptait rien apprendre à ses sermons, mais qu'il était bien aise d'y assister pour pouvoir apprécier son talent. Dès les premiers entretiens, il put voir combien il s'était trompé. Des horizons complètement inconnus se révélèrent à ses regards étonnés. Le père réussit à lui faire comprendre combien les vérités chrétiennes, souvent supérieures aux lumières naturelles, sont néanmoins conformes aux enseignements de l'expérience et de la raison. Il insista aussi sur l'opposition qui existe entre le bon sens et les pratiques des sectes japonaises; et à la fin d'un discours, il eut le bonheur d'entendre ces mots : « Baptisez-moi, je suis chrétien ! » Quinze bonzes s'empressèrent d'imiter la conduite de Queuxu.

Pendant que ces intéressants événements se passaient à Méaco, Almeida visitait plusieurs autres églises.

A Ximo, à Bungo, à Omura, à Arima, il trouvait des fidèles si fervents, qu'il devait modérer leur soif de pénitence et de macérations. Les bonzes, là comme partout, essayaient de paralyser son influence. A défaut d'autres moyens, ils employaient leurs armes favorites, le sophisme et la calomnie; mais leurs traits envenimés venaient s'émousser contre l'excellent esprit des fidèles, qui n'avaient qu'un cœur et qu'une âme. Ces fervents chrétiens s'aimaient tendrement, s'assistaient dans leurs besoins, se consolaient dans leurs peines, s'excitaient à la sainteté, et brulaient du désir de faire connaître Jésus-Christ; les Japonais les plus capables composaient de petits traités dans lesquels ils comparaient le culte du vrai Dieu aux superstitions indigènes; et les diverses églises s'écrivaient pour s'édifier par les beaux exemples dont elles étaient témoins. C'est ainsi que l'église de Firando fit connaître les dernières années du secrétaire du roi du pays. Cet homme, âgé d'environ soixante ans, menait avec sa femme, au milieu d'une cour idolâtre, une vie vraiment exemplaire. A son entrée dans la vieillesse, il conçut le projet de consacrer ses dernières années à se préparer à la mort. Il mit ordre à ses affaires, et partit secrètement, une nuit, pour Bungo où la présence des missionnaires devait lui faciliter la fréquentation des sacrements ! Le roi l'aimait beaucoup ; à la nouvelle de son départ, il ordonna qu'une barque se mît à la poursuite de son secrétaire et le ramenât au palais ; mais comme la rapidité de sa marche l'avait déjà conduit dans les états voisins, le prince négocia et obtint son emprisonnement à Firando. Sa femme, dès qu'elle le sut privé de sa liberté, lui écrivit pour lui promettre de le rejoindre bientôt, l'exhortant à ne pas faiblir et à préférer l'amour de Jésus-Christ à la faveur du prince. Cette tracasserie fut de courte durée ; le généreux chrétien consacra le reste de sa vie aux bonnes œuvres, faisant l'école aux enfants chrétiens, traduisant en langue japonaise des livres de propagande et de solide instruction. Ouvrier actif et éclairé de la mission, en peu d'années il étonna tous ceux qui l'approchèrent par ses progrès dans les voies de la vie intérieure, et parvint à une grande perfection.

De Firando Almeida se rendit au château de Hexandono, qui avait eu le bonheur d'être évangelisé par Xavier. Là chacun conservait du passage si rapide de l'apôtre la douce impression d'une sorte de vision céleste : les néophytes cultivaient soigneusement les germes de foi que la main du saint avait déposés dans les cœurs, suivaient avec fidélité la règle tracée, s'adonnaient à la prière, à la mortification, aux pratiques d'une piété fervente, et faisaient des retraites de plusieurs jours dans la forêt voisine : hommes, femmes, enfants, domestiques et même soldats, presque tous étaient chrétiens ou catéchumènes. Le vertueux intendant, le bon vieillard qui catéchisait et présidait les exercices de religion, venait de mourir. On le regrettait comme on pleure un ami à qui on doit beaucoup; mais on ne doutait pas de son crédit près de Dieu, et on comptait sur sa protection. Almeida confia la conduite du petit troupeau à un fils du gouverneur, assisté d'un jeune homme intelligent et instruit. Comme le père demandait à un officier quelle serait sa conduite dans le cas où son prince lui demanderait d'apostasier, il répondit : « Je suis bien décidé à m'y refuser; et je lui dirais : Si vous voulez que je sois sujet fidèle, obéissant à vos ordres, soigneux de vos intérêts, zélé pour votre service, patient dans les souffrances, doux, obligeant et modéré, ordonnez-moi de rester chrétien. »

Peu de temps après ces diverses tournées, le P. de Torrez confiait à Almeida une nouvelle et importante mission. Il s'agissait d'entrer en conférence avec Sumitanda, roi d'Omura, qui manifestait des tendances favorables à la vérité. Le désir de connaître Dieu et de le servir devint si vif chez ce prince, que bientôt il fut permis d'espérer sa conversion. Il portait sur ses habits une croix brodée, recherchait la conversation des religieux, questionnait avec la ferme volonté de s'éclairer, et ne laissait pour ainsi dire pas échapper une occasion de témoigner ses sympathies pour la vraie religion. Enfin il écrivit au P. de Torrez qu'il demandait le baptême pour lui et pour trente seigneurs tous prêts à sacrifier leur vie à la vérité. A cette nouvelle, le P. de Torrez ne put retenir les larmes de sa reconnaissance envers Dieu ; il compléta l'œuvre d'Almeida, fit entrer dans l'église ces valeureux guerriers, et s'efforça de leur persuader que pour extirper l'idolâtrie il fallait employer la persuasion et non la force. Mais ce principe entrait difficilement dans leur esprit ; ils pensaient avec Clovis que le secours de leurs bras et le service de la force matérielle n'étaient pas inutiles au Dieu des armées. Aussi, le lendemain de leur baptême, comme ils partaient pour la guerre, Sumitauda donna-t-il ordre à ses troupes de s'arrêter devant le temple où on avait coutume d'adorer l'idole de la guerre avant d'entrer en campagne. Il y entra seul avec ses gardes, prescrivit de jeter à terre la statue, de la traîner jusque sur le chemin : là il la mit en pièces en présence de toute l'armée ; il incendia le temple ; puis il continua sa route, et ne tarda pas à livrer un combat qui devint un triomphe.

On sait la puissance de l'exemple, surtout quand il vient de haut. Celui de Sumitanda fut suivi par son frère, par beaucoup de ses sujets et même par plusieurs bonzes. L'un d'eux dut sa conversion à un pauvre chrétien de la campagne, venu à la ville pour réclamer une somme d'argent qu'un païen refusait de lui rendre. Ce bonze puissant, appelé Ximaxidono, s'était constitué l'avocat officieux de l'injuste idolâtre. La conversation s'engage, et tout en discutant la question de droit, il s'aperçoit que le paysan porte un chapelet sur ses vêtements. Cet objet de piété éveille la curiosité du bonze, qui se met à l'interroger sur sa religion. L'humble paysan parle si bien de Dieu, de ses attributs, de l'immortalité de l'âme, que Ximaxidono lui dit : « Faites-moi connaître votre docteur; si les disciples sont si éclairés, que sera-ce du maître ? »

Les îles du Gotto furent encore une conquête du P. Almeida; l'apôtre prêcha, devant la cour, des conférences écoutées avec une grande faveur. Mais tout à coup le roi tomba malade, et comme ses sujets l'aimaient à cause de sa douceur, les bonzes espérèrent soulever le peuple contre la loi nouvelle en répandant le bruit que la maladie du prince était un châtiment des dieux. Cependant la Providence déjoua le complot. Les bonzes, sommés de conjurer le mal, employèrent mille superstitions et sortiléges sans réussir à rien; et comme l'état du prince empirait, Almeida, rappelé et consulté, administra des remèdes qui amenèrent au bout de quatre jours une complète guérison.

Une église catholique s'éleva bientôt dans ce pays, et les seigneurs, avant d'entreprendre une guerre, y donnèrent un exemple de fermeté qui fit impression. C'était la coutume, au moment d'entrer en campagne, de se livrer à plusieurs cérémonies pour se rendre favorables les divinités japonaises, et surtout de boire un vin qui leur avait été consacré. Avant de porter la coupe à ses lèvres, un gentilhomme déclara qu'il ne reconnaissait à cette liqueur aucune vertu spéciale et qu'il la boirait comme un breuvage ordinaire. Aussitôt un autre seigneur, plus brave et plus illustre, élevant la voix, supplia son compagnon d'armes de ne pas consentir à cette faiblesse; et se tournant vers le roi il lui dit : « Les chrétiens sont vos plus fidèles sujets; nous ne quitterons le combat qu'avec la vie; mais si vous voulez de nous un serment inviolable, souffrez que nous le prêtions en invoquant le seul Dieu vivant, le Créateur du ciel et de la terre, le souverain Seigneur de toutes choses. » Le prince y consentit et ne tarda pas à reconnaître qu'il devait compter sur les chrétiens plus que sur tous les autres. Au commencement de l'action, un jeune néophyte appelé Xyste défia le général ennemi dont la bravoure et l'habileté inspiraient la terreur; il l'attaqua résolûment, le prit au défaut de sa cuirasse et l'étendit à ses pieds; cette action d'éclat décidait du sort de la bataille, et le roi victorieux permettait, deux ans plus tard, à son fils d'embrasser la foi chrétienne.

Vers cette même époque le P. Viléla arborait avec succès le drapeau de la foi dans la ville de Nangazaki.

Mais de toutes les chrétientés, la plus florissante était celle d'Omura. Quand le P. Valégnan vint la visiter, en 1568, il fut émerveillé de son importance, de sa ferveur et de son attachement pour les religieux. Il s'exprime ainsi dans une de ses lettres adressées en Europe et conservée de nos jours[1] : « Nous n'avions pas encore mouillé l'ancre, et déjà une foule de chaloupes remplies de chrétiens environnaient notre vaisseau ; toutes ces chaloupes étaient surmontées d'une espèce de pavillon où l'on voyait briller le signe adorable du salut. Nous entrâmes ainsi en triomphe dans le port, au bruit des acclamations des fidèles. A la descente du navire, je fus assailli d'une telle affluence, que tout le peuple semblait être sorti des villes. Les uns me baisaient la soutane, d'autres les mains ou les pieds. Ils me portèrent plutôt qu'ils ne me conduisirent à la chapelle.

.... A peine avais-je fait quelque chemin qu'on me complimenta de la part du prince ; quelques moments après, j'aperçus le P. de

[1] Cette lettre, comme la plupart des documents relatés dans cet ouvrage, est tirée de l'Histoire du P. Charlevoix.

Torrez qui venait au-devant de moi avec Louis Almeida et Michel Vaz ; ils étaient précédés et suivis de troupes d'enfants qui chantaient à deux chœurs le cantique *Benedictus* avec des hymnes et des psaumes. J'arrivai à la chapelle tout hors de moi, et je remerciai Dieu de m'avoir rendu témoin d'une ferveur que je n'avais pu croire sur ce qu'on m'en avait dit en Italie. »

Le P. de Torrez ne survécut pas longtemps à cette belle journée. Déjà Fernandez était mort à Firando d'une maladie de langueur causée par l'excès de ses travaux. Ainsi disparaissaient les deux compagnons de Xavier, les fidèles miroirs des vertus et de l'esprit du grand apôtre, les deux précieuses colonnes de l'Eglise naissante au Japon.

Torrez rendit le dernier soupir dans l'île de Xéqui toute peuplée de néophytes. Il fut pleuré par le roi d'Omura, qui le vénérait comme un père, et il emporta les regrets de tous les chrétiens. Son ascendant était immense et s'étendait même sur les idolâtres. Naturellement dur et sévère, il avait si bien dompté son caractère, qu'on vantait partout sa douceur et sa condescendance. Quand il s'agissait de sauver une âme, il ne connaissait pas d'obstacles, et son amour des souffrances lui faisait dire qu'Amanguchi avait été pour lui *une sorte de paradis*, parce que toute la durée de son séjour dans cette ville avait été abreuvée de douleurs et d'amertumes. Supérieur vigilant, actif ouvrier à soixante-quatorze ans, il travaillait encore, le jour de son départ pour un monde meilleur. A sa mort, son visage devint resplendissant d'une beauté toute céleste. Les fidèles le proclamèrent un saint, et ils prièrent pour lui comme ils avaient prié pour Fernandez; mais ils ne tardèrent pas à les invoquer tous deux et à ressentir les effets de leur affectueuse protection.

Quelque temps après la mort de Torrez,

le roi Sumitanda eut un autre genre d'épreuve à supporter. Son beau-frère, de concert avec le roi de Firando, lui déclara la guerre, pour violenter sa conscience et l'obliger par la force à revenir au culte des idoles. Cette soudaine attaque le prit tout à fait au dépourvu. Les ennemis, après avoir profané des églises, vinrent l'assiéger dans un château fort qu'il habitait sur les bords de la mer. Il n'avait alors que quinze hommes pour sa défense; mais ce dénûment ne le découragea pas. Il arma les femmes de la reine, et dit à sa petite troupe : « Ayons confiance, nous les vaincrons, puisqu'ils font la guerre à Dieu. »

Pour s'emparer de la forteresse, les assiégeants étaient obligés de s'engager dans un chemin étroit et bordé de précipices. Un de leurs officiers prend ce parti et monte à l'assaut; mais tout à coup la porte de la citadelle s'ouvre, et Sumitanda, le sabre à la main, se précipite sur le capitaine qu'il renverse, sur les soldats qu'il met en déroute, pendant que les femmes et les enfants invoquent à haute voix les noms de Jésus et de Marie. L'ennemi allait se rallier et recommencer la lutte, quand la petite armée d'Omura, arrivant en toute hâte, l'attaqua sur ses derrières et jeta le désordre dans ses rangs. Ce fut le commencement d'une complète déroute ; le roi délivré rentra triomphant dans sa capitale, poursuivit sur leur territoire ses téméraires voisins, leur enleva plusieurs places fortes, et ajouta ainsi à sa renommée comme à sa puissance.

Il témoigna sa reconnaissance envers le Seigneur en progageant avec un nouveau zèle la doctrine chrétienne. En moins de deux ans, quarante églises avaient été bâties, et soixante mille personnes avaient reçu le baptême.

La vraie foi prospérait aussi dans le royaume de Bungo. Le roi se sentait attiré vers elle, et avait autorisé son second fils à l'embrasser : mais le christianisme rencontrait là une violente opposition qui faillit amener l'effusion du sang : les bonzes ameutèrent la populace, une conspiration s'ourdit pour mettre à mort les missionnaires et ruiner leurs établissements : heureusement les gentilshommes chrétiens se prononcèrent avec énergie; ils déclarèrent qu'ils prendraient la défense des religieux et repousseraient la force par la force. Les Pères prêchaient à tous la paix, et insistaient surtout pour que leur présence ne devînt pas une cause de discorde. Prévoyant le pillage de leur maison, ils voulurent mettre en sûreté leurs vases sacrés, en les confiant à des familles dévouées : mais toutes refusèrent le dépôt. Le rôle de gardien ne leur suffisait pas, elles avaient une ambition plus haute : c'était de se réfugier dans l'église des Jésuites et d'être martyrisées avec eux ! Quand les factieux connurent la courageuse attitude des gentilshommes et la ferme volonté du roi Civandono, toujours plein de bienveillance pour les chrétiens, ils dûrent renoncer à l'exécution de leurs criminels projets.

Le roi de Bungo ne s'arrêta pas en si beau chemin. Il s'avança lentement; mais il eut le bonheur d'atteindre le but; après un quart de siècle de réflexions, de délais, il demanda le baptême, et prit le nom de François, en mémoire de Xavier et pour témoigner de sa confiance en la protection du saint.

Cette conversion trop lentement réalisée racheta par sa solidité le temps perdu dans le doute et l'hésitation. En peu de mois Civandono, qui avait déjà tant travaillé à propager le catholicisme, se signala par sa ferveur et en vint à pratiquer les vertus qui constituent la sainteté. Chaque matin, réunissant les personnes attachées à son service, il récitait le chapelet avec elles, puis il en disait seul deux autres, afin de compléter le rosaire. — Une règle présidait à l'emploi de ses journées; chaque jour il se confessait et communiait : chaque année il faisait une retraite de huit jours dans une maison de la Compagnie de Jésus. Sa constante préoccupation recherchait ou appliquait les moyens les plus efficaces de répandre la vérité. C'est lui qui plus tard, abreuvé d'épreuves, en butte aux plus accablantes humiliations, prononçait ces belles paroles au moment où tout semblait réuni pour ébranler sa fidélité : « Dieu tout-puissant, je jure, en votre présence, que quand même tous les pères jésuites, par le ministère desquels vous m'avez appelé à vous connaître, renonceraient à ce qu'ils m'ont enseigné; quand j'aurais la certitude que tous les chrétiens d'Europe ont cessé de vous servir, je continuerais à vous confesser, reconnaître et adorer, dût-il m'en coûter la vie; comme je vous confesse, reconnais et adore pour le seul Dieu vrai et tout-puissant de l'univers. »

Le Japon possédait déjà cinquante jésuites européens et indigènes secondés par un nombre considérable de catéchistes; mais la moisson était si abondante, que les ouvriers ne suffisaient plus au travail: ce fut alors (1582) que les trois rois d'Omura, d'Arima et de Bungo résolurent d'envoyer au Saint-Père une ambassade solennelle chargée de rendre hommage à son autorité spirituelle, de solliciter la béatification de Xavier, de porter de vives actions de grâces pour le bienfait de la foi, et de demander de nouveaux prédicateurs afin d'activer la propagation de l'Evangile. L'ambassade devait aussi visiter le roi d'Espagne et les princes d'Italie pour les remercier de la part généreuse qu'ils avaient prise à l'envoi des apôtres au Japon. Elle se composait de quatre personnages distingués : deux jeunes princes encore plus remarquables par leur sagesse précoce que par leur majestueuse beauté; puis deux seigneurs choisis avec soin et dignes par leur vertu de la mission qui leur était confiée. Ils arrivèrent à Rome en mars 1585, et firent leur entrée au son des cloches et au bruit du canon. Grégoire XIII, après lui, Sixte V, son successeur, les comblèrent de bontés. Ils les nommèrent chevaliers de l'éperon d'or, leur donnèrent l'épée, la ceinture avec une belle médaille, les communièrent de leurs mains, les embrassèrent avec effusion, et les chargèrent pour les rois leurs maîtres de riches présents, dont les plus précieux étaient des portions de la vraie Croix renfermées dans des reliquaires d'or. Le sénat et le peuple romain se réunirent au Capitole afin de décerner aux ambassadeurs le titre de patriciens. L'Espagne et l'Italie les accueillirent avec empressement. Venise confia au célèbre peintre le Tintoret la mission de faire leurs portraits pour leur donner une place dans la galerie de ses doges; et le fameux historien de Thou, voulant répondre à l'émotion et à la curiosité de son pays, raconta les détails de leur voyage et de leur séjour en Europe.

Mais à leur retour au Japon la face des choses avait bien changé.

CHAPITRE IV

Révolutions politiques au Japon. — L'empereur Nobumanga veut de son vivant se faire rendre les honneurs divins. — Avènement du célèbre Taïkosama. — D'abord tolérant, il devient persécuteur. — Belle conduite d'Ucondono et de son père Tacayama. — Joscimon, jeune roi de Bungo, veut persécuter les chrétiens, rencontre de la résistance et se convertit. — Arrivée du P. Valégnan, ambassadeur du vice-roi des Indes, et retour des princes japonais envoyés à Rome. — Autre ambassade venant au nom du gouverneur des îles Philippines, sous la direction du P. Pierre Baptiste, franciscain.— Les imprudences et les paroles téméraires de quelques Européens servent de prétextes pour ordonner la persécution. — Joie de nombreux Japonais qui aspirent au martyre. — André Ongazavara et tous les siens.

Jamais les missions japonaises ne furent complétement exemptes de ces épreuves qui sont le partage ordinaire des œuvres de Dieu. Les difficultés étaient quelquefois suscitées par les princes, esclaves de leurs passions;

le plus souvent elles étaient l'œuvre des bonzes si menacés dans leur vie désordonnée par l'avénement de la vérité et si puissants sur la crédulité publique! Il y avait çà et là des actes violents et tyranniques, des persécutions partielles plus ou moins actives; mais pendant environ un demi-siècle, la Providence voulant accorder la bénédiction du succès aux travaux des apôtres et à la ferveur des disciples, disposa les événements de façon à ce que le christianisme pût étendre au loin son salutaire empire. Son culte était public; ses églises s'élevaient dans les villes et s'y remplissaient de fidèles; ses ministres fondaient avec une infatigable activité ici des oratoires, là des hôpitaux confiées à des confréries hospitalières, ailleurs des écoles, des colléges et deux noviciats où la jeunesse se préparait aux labeurs de la vie commune ou au glorieux ministère de l'apostolat. Malgré les bouleversements et les luttes civiles dont la capitale était si souvent le théâtre, la foi avait pénétré à Méaco, y avait multiplié les adorateurs du vrai Dieu, et en comptait jusqu'au sein de la cour impériale qui changeait souvent de maître.

Les chefs de l'armée japonaise aspiraient depuis longtemps à s'emparer de la souveraine puissance. Les mikados efféminés encourageaient sans le vouloir les projets d'usurpation et le désir de se faire proclamer empereur héréditaire, tout en laissant au Mikado l'appareil, les marques extérieures de l'autorité, tout en le comblant de prévenances et d'hommages. Quand le coup d'Etat s'opéra, les cinq provinces dont se compose le domaine impérial courbèrent la tête sans résistance; mais dans les autres parties du Japon, les gouverneurs se déclarèrent indépendants, et les anciennes petites royautés profitèrent des embarras du pouvoir central pour augmenter, à son préjudice, leur importance et leur sphère d'action.

Au milieu des obscurités qui enveloppent cette période de troubles et de guerres civiles, l'histoire nous a transmis un nom célèbre, celui de Nobunanga, fameux guerrier, victorieux en une foule de rencontres, qui se montra généralement aussi hostile aux bonzes que favorable au Catholicisme. Il bâtit la ville d'Auzuquiama et s'y fit construire un palais d'une rare magnificence. Au centre de ce splendide monument s'élevait une tour pyramidale à sept étages, ornée des plus riches couleurs, et revêtue de ce vernis du Japon dont le lustre égale celui de la glace la plus polie. Le dôme de cette tour était surmonté d'une couronne d'or massif, enrichie de mille ornements en mosaïques. On avait peine à en détourner les regards, dit le P. Charlevoix, tant elle les charmait; et cependant on ne pouvait les y fixer, tant il y avait d'éclat !

Nobunanga aimait à converser avec les pères jésuites, et il favorisa la fondation d'un de leurs établissements. L'appel de la grâce se fit entendre à ses oreilles; le Seigneur frappa plus d'une fois à la porte de son cœur. Mais le déréglement de ses mœurs ne lui permit pas de répondre à la voix de Dieu ; l'excès de son orgueil l'empêcha d'ouvrir les yeux à la lumière. Il ne voulut voir dans le christianisme qu'un système philosophique préférable à tous les autres; il évita de rendre hommage à sa divine origine, parce qu'il se refusait à reconnaître le caractère obligatoire de ses préceptes.

L'orgueil de Nobunanga finit par altérer ses facultés; après avoir souvent tourné en ridicule les honneurs rendus aux kamis, il essaya de se faire adorer de son vivant. Il choisit une colline située près d'Auzuquiama pour y placer un temple splendide, au milieu duquel il fit déposer ses armes, entourées de devises; puis, à un jour déterminé, il suspendit tout autre culte, et ordonna qu'à l'avenir tous les sacrifices seraient offerts en son honneur et dans son nouveau sanctuaire. Les idolâtres se conformèrent à ce caprice, mais les chrétiens résistèrent sans s'attirer de châtiment.

Le tyran ne tarda pas à payer chèrement les crimes de sa vie. L'un de ses capitaines appelé Aquéchi leva l'étendard de la révolte, sous prétexte de venger les bonzes, les idoles et les trente rois dépouillés de leur pouvoir. Le palais de Nobunanga fut brûlé; lui-même, mortellement blessé, mourut à la force de l'âge, comme enseveli dans les lauriers qu'il avait cueillis sur tant de champs de bataille. On assure qu'il fut assassiné par Taïkosama, qui se mit à sa place et s'imposa au mikado.

Ce fameux Taïkosama ou grand seigneur est regardé comme le Sésostris de l'empire japonais. Successivement esclave et bûcheron, suivant quelques auteurs, il était fils du prince de Tokungava, avait déserté la maison paternelle, s'était mis à la tête de quelques hommes indisciplinés, et avait mené pendant deux ans une vie d'aventures et de rapines. Devenu le favori, l'aide de camp de Nobunanga son maître, il avait conquis une telle renommée de valeur, de talent politique et militaire, qu'il était arrivé rapidement à la tête de l'armée. Maître du pouvoir, il lutta contre l'aristocratie, diminua ses priviléges au profit de sa propre autorité, et lui imposa une transaction par suite de laquelle elle consentit à venir habiter une partie de l'année la ville de Yédo[1] pour y former un conseil investi d'une certaine autorité, mais dominé ordinairement par l'excessive influence de l'empereur.

Taïkosama parvenait au pouvoir suprême pendant que les jeunes princes chrétiens s'em-

[1] Yédo était devenue la capitale de l'empire et la résidence de l'empereur temporel.

barquaient pour Rome. Les commencements de son règne furent pacifiques. La terreur et l'épuisement général avaient désarmé tous les bras. L'empereur professait pour tous les cultes une complète indifférence ; cependant la vraie religion lui paraissait digne de respect ; il ne lui donnait aucun privilége ; mais il lui laissait ce qu'elle préfère à tout, la liberté d'action ; et cette liberté suffisait à l'Eglise pour conquérir les âmes. Un jour, il avait dit aux personnages de sa cour : « A mon sens le christianisme est cent fois supérieur à toutes les sectes du Japon. » Un autre jour, il était allé voir les jésuites d'Ozaca, qui élevaient dans cette ville un observatoire, afin d'initier les Japonais à l'astronomie, pour laquelle ils avaient de l'attrait, et de leur enseigner les autres sciences cultivées en Europe. A la fin de sa visite il avait fait la déclaration suivante : « Je sais que votre vie est bien plus pure que celle des bonzes ; j'approuve tous les préceptes de votre religion, à l'exception d'un seul : c'est celui qui interdit la polygamie. »

Ce frein salutaire imposé aux passions fut l'origine de la persécution; il devint comme la première étincelle qui alluma plus tard l'incendie. Taïkosama dans ses voyages voulait qu'on recherchât les femmes et les filles les plus renommées pour la beauté, afin de contenter ses insatiables caprices; mais dans les pays chrétiens, les démarches de Jaccun, l'indigne bonze et médecin, chargé de pourvoir aux caprices de l'empereur, n'obtinrent aucun succès; de là, une colère, un dépit qui montèrent bien vite de l'infâme pourvoyeur au maître puissant dont il flattait l'orgueil. La persécution dura environ dix ans, de 1587 à 1597, et n'empêcha les progrès du christianisme qu'à la fin de 1596. La tempête ne devait donc éclater que plus tard : mais déjà les victimes s'offraient en holocauste; mais les nuages se formaient à l'horizon, et des bruits sinistres faisaient présager l'orage. « Le premier coup de foudre, dit le P. Charlevoix, tomba sur Ucondono, général en chef, qui était campé avec l'armée impériale aux environs de Façata. Un envoyé de l'empereur vint lui déclarer qu'il devait ou abjurer le christianisme ou aller sur l'heure en exil... Ce généralissime était aimé des soldats et des officiers; il lui eut été fort aisé de faire repentir l'empereur de son imprudence et de ses emportements; mais, par bonheur pour ce prince, il avait affaire à un homme qui savait vaincre et ne savait pas se révolter. Ucondono reçut l'ordre du souverain sans paraître surpris ni déconcerté; il répondit qu'il ne balançait pas à choisir l'exil, qu'il irait à la mort plutôt que de manquer à la fidélité envers Dieu; et sur-le-champ il voulut se disposer à partir.

.... Tacayama son père apprit cette grave nouvelle par Ucondono lui-même. Le vertueux vieillard, loin de la cour, menait une vie évangélique; il fut plus charmé de voir son fils confesseur de Jésus-Christ, qu'il ne l'avait été de le savoir en quelque façon la seconde personne de l'empire; il l'embrassa tendrement, et il ne pouvait exprimer sa joie d'être lui-même, avec toute sa famille, réduit à chercher une retraite dans les forêts et dans les déserts. Enfin, après avoir rendu à Dieu de très-humbles actions de grâces d'un tel bienfait, « Seigneur, s'écria-t-il, il ne me reste plus rien à désirer en ce monde, sinon qu'après le sacrifice de ma fortune et de tous mes biens vous daigniez accepter encore celui de ma vie. » Il se mit aussitôt en marche sans avoir de terme fixe, et se laissa guider par la Providence. Tous les vassaux de cette illustre famille, et beaucoup d'officiers qui avaient longtemps servi sous le père et sous le fils, les suivirent; ils aimèrent mieux abandonner leurs biens et renoncer à leurs charges que de méconnaître la voix de l'honneur et de la religion. »

Pendant que Taïkosama sacrifiait son meilleur général à ses aveugles passions, le supérieur de la compagnie de Jésus, auquel il venait de donner un terrain pour bâtir une maison à Facata, recevait de la part de cet empereur l'ordre de réunir ses religieux à Firando et de s'embarquer avec eux pour les Indes dans le délai de six mois.

Les religieux étaient décidés à mourir plutôt que d'abandonner les fidèles, et dans les premières années qui suivirent cette décision, la plupart des princes chrétiens les protégèrent dans leurs états, au risque d'encourir le courroux de l'empereur. Quelques-uns cependant firent tache dans l'édifiant tableau que la conduite de leurs voisins offrit aux regards, et eurent le malheur d'apostasier pour plaire au souverain. De ce nombre fut Joscimon, fils et successeur du saint roi de Bungo. Il persécuta les chrétiens de son petit royaume, et le premier mis à mort par ses ordres fut un vénérable vieillard que son père avait instruit et tendrement aimé. Les fidèles enlevèrent le corps du martyr. Le prince irrité rechercha les auteurs du pieux larcin; et ne pouvant les découvrir, il s'en prit à des parents, à des amis, qui furent décapités. Deux zélés catéchistes, Joachim et Macama, subirent le même sort; mais pendant que l'iniquité semblait triompher de ce côté, la Providence, pour rassurer les timides, envoyait des signes nouveaux de sa justice et de sa miséricorde. C'est ainsi qu'un délateur, immédiatement atteint d'une ulcère à la langue, expirait dans les plus horribles souffrances. C'est ainsi encore qu'un idolâtre, logé dans la maison de Macama, entrait à peine dans cette sainte demeure, qu'il se sentait éclairé, touché, converti; bientôt il demandait le baptême, et transformait en un sanctuaire ces bâtiments dont sortait une vertu secrète, et qu'il se jugeait indigne d'habiter.

Joscimon rencontra de la résistance dans sa famille, dans les rangs de la noblesse et même parmi les dames de la cour. Il supplia sa mère et ses sœurs d'adorer les idoles, et les menaça de l'exil si elles n'obéissaient pas : mais rien ne put ébranler leur constance. Elles étaient prêtes à tout sacrifier pour leur salut, et le prince recula devant leur fermeté. Une femme de haute condition alla se montrer un jour en public, un chapelet au cou : le roi furieux, l'ayant aperçue, lui demanda compte de sa témérité : « Prince, dit-elle, ce chapelet est un présent que vous m'avez fait : je ne pensais pas qu'il y eût de l'inconvenance à se parer des bienfaits de son roi! »

Ainsi les classes élevées, naguère si adonnées à la poursuite des plaisirs sensuels et à l'amour effréné du luxe, continuaient à manifester du courage pour confesser leur foi, et de l'ardeur pour les nobles exercices de la charité, de la mortification et de l'humilité.

Cependant, comme cette conduite prouvait au jeune roi que la foi nouvelle avait poussé de profondes racines dans ses petits états, il cessa de la persécuter. Son père, qui veillait sur les siens du haut du ciel, lui obtint la grâce d'un sincère repentir. Il fit pénitence et obtint l'absolution de ses crimes.

Deux événements imprévus rendirent un peu d'espoir, et ajournèrent encore l'application générale des barbares rigueurs réservées aux chrétiens. Le premier fut l'arrivée d'une ambassade confiée par le vice roi des Indes à un savant et saint jésuite. Le P. Valégnan fut envoyé au Japon pour offrir des présents à Taïkosama, traiter avec lui plusieurs affaires, et solliciter le retour de son ancienne bienveillance pour le christianisme. La venue de l'ambassadeur coïncidait avec celle des jeunes princes qui avaient été députés vers Rome : le souverain les reçut en audience solennelle le même jour que le P. Valégnan. Logés dans de belles maisons, aux frais de l'Etat, ils se dirigèrent en grande pompe vers le palais impérial. Cet appareil, conforme aux usages du pays, était nécessaire pour faire comprendre l'importance de leur démarche et inspirer le respect.

Un des cadeaux du vice-roi ouvrait le cortége; c'était un très-beau cheval arabe, couvert de velours rouge, avec une selle montée en argent et des étriers dorés. Deux jeunes palefreniers, vêtus de longues robes de soie, conduisaient ce fier coursier entre deux Portugais richement costumés. Puis venaient les pages, et les ambassadeurs japonais, habillés à l'européenne, avec ces vêtements de velours noir garni d'or que Grégoire XIII leur avait donnés. Le P. Valégnan, entouré de trois interprêtes de sa compagnie, fermait la marche porté dans une riche litière, escorté par des cavaliers portugais, couverts d'or et de pierreries.

A la porte du palais, un neveu de l'empereur, celui dont il voulait faire l'héritier de son trône, accueillit gracieusement l'ambassade, que le souverain attendait sur un trône élevé au milieu de tous les grands officiers de sa couronne. La lettre à son adresse était écrite sur un beau vélin doré, scellée d'un cachet d'or, et déposée dans un coffret de prix. Il parut très-content de l'épître, qui était habilement conçue, et des dons qui lui furent successivement présentés. Il goûta le thé avec l'ambassadeur, fit distribuer à son tour des présents parmi lesquels on distinguait quatre habits de soie et cent plaques d'argent; puis il se retira, ordonnant à son neveu de faire les honneurs du dîner, avec l'aide des hauts personnages de la cour. Après le repas, il revint dans la salle, eut une assez longue conversation avec le P. Valégnan, et se plut à écouter les ambassadeurs, les récits de leur voyage, les chants rapportés d'Italie et les morceaux de musique joués avec des instruments inconnus au Japon.

Après cette journée rassurante, les jeunes princes allèrent porter les dons du Saint-Père aux trois rois japonais dont la foi simple et forte rappelait celle de ces trois rois mages qui eurent l'honneur de représenter la gentilité à la crèche du divin Sauveur. Partout les souvenirs du vicaire de Jésus-Christ furent reçus avec vénération. Le roi d'Arima s'agenouilla pour prendre possession de la vraie croix et du bref pontifical; il ordonna de déposer le bref sur sa tête, afin de lui donner la plus grande marque de respect qui se puisse imaginer au Japon.

Leur mission ainsi accomplie, les illustres représentants du Japon ne songèrent plus qu'à répondre à la voix de la grâce qui les appelait à embrasser la vie religieuse, et ils entrèrent au noviciat de la compagnie de Jésus.

Un second incident paraît avoir ajourné l'explosion de la foudre : ce fut l'arrivée d'une autre ambassade envoyée par le gouverneur des îles Philippines. Le P. Pierre Baptiste avait été choisi comme chef de cette mission ; ce religieux, distingué par son esprit et ses vertus, appartenait à l'ordre de Saint-François d'Assises, établi depuis longtemps dans les Indes et récemment installé dans les possessions espagnoles. Il aborda au Japon en 1593, c'est-à-dire dans la septième année de la persécution ; il était accompagné de trois autres franciscains.

L'orgueilleux souverain, après avoir pris connaissance de la lettre du gouverneur et accepté ses présents, dit à ses envoyés : « Quand je vins au monde, le soleil darda ses rayons sur ma poitrine, et les dieux consultés par les devins firent connaître que je devais être maître absolu de l'Orient et de l'Occident. Il y avait plus de cent ans que le Japon n'avait été soumis au pouvoir d'un seul. J'ai mis la main sur tous ses royaumes, et tous ses royaumes m'obéissent. Il serait donc bon que ceux des îles Philippines fissent aussi ma volonté et consentîssent à se laisser gouverner par ma sagesse. S'ils ne veulent pas se soumettre de bonne grâce, j'enverrai ma puissante armée qui les forcera de m'obéir, comme j'ai fait pour la Corée, comme je ferai pour la Chine. Je suis le maître; il faut plier sous mes lois. »

Le représentant de l'Espagne répondit qu'il rendait hommage à la gloire du monarque, mais qu'il ne croyait pas son ambition plus vaste que son grand empire. « D'ailleurs, ajouta-t-il, votre majesté a proposé une alliance, c'est cette alliance que je suis chargé d'accepter au nom du puissant souverain des

Espagnes et des Indes. — Le traité ne sera pas observé, la parole donnée sera foulée aux pieds, reprit Taïkosama : mieux vaut donc étendre ma domination sur vos îles. — Nous sommes Espagnols et chrétiens, repartit le P. Pierre Baptiste; nous n'obéissons qu'à Dieu et au roi; nous n'avons jamais reconnu, nous ne reconnaîtrons jamais d'autre maître. Acceptez l'amitié de notre souverain, et si vous doutez de sa parole, gardez nous en otage; notre présence au Japon vous garantira la foi jurée. »

Taïkosama, en adhérant à cette proposition, renvoyait à une époque indéterminée l'exécution de ses projets hostiles aux chrétiens et comblait les vœux des franciscains. Ils s'établirent à Méaco, y construisirent une église consacrée à Notre-Dame-des-Anges et y attirèrent les populations avides de recevoir le baptême. L'arrivée de nouveaux religieux leur permit d'ouvrir deux maisons pour recueillir les malades, assister les pauvres et panser les plaies des blessés. Le P. Pierre Baptiste voulut encore avoir un établissement à Ozaka et une résidence à Nangasaki. Ces missionnaires travaillaient de toutes leurs forces à étendre et à fortifier le règne de la vérité dans les âmes; mais leur zèle ardent manquait parfois de mesure; il devint un nouveau péril. Ne connaissant pas le terrain sur lequel ils opéraient, ils voulurent trop s'affranchir des règles de prudence que la longue expérience des Jésuites leur avait imposées; et la police si active, si ombrageuse du Japon ne tarda pas à signaler leur présence comme un obstace de plus au culte des idoles et à l'influence de leurs prêtres.

Cependant Taïkosama suspendait encore l'exécution de ses sanguinaires desseins. Peut-être hésitait-il à rompre ses alliances avec l'Espagne et le Portugal; peut-être aussi se laissait-il absorber par les rêves d'une ambition sans borne et par la recherche des moyens propres à entourer sa personne de plus de prestige. Il travaillait à se faire rendre en quelque sorte des honneurs divins, lorsque survint un incident qui raviva la profonde irritation du tyran et déchaîna la tempête.

En juillet 1596, un grand navire espagnol, allant des îles Philippines à la Nouvelle-Espagne, fut assailli par les violents ouragans si fréquents dans ces parages, faillit faire naufrage, et fut forcé de relâcher dans le port d'Urando (royaume de Tosa). Ce bâtiment avait éprouvé de sérieuses avaries; le capitaine demanda, pour pouvoir réparer ses désastres, une autorisation qui lui fut refusée, et son chargement dont la valeur était considérable fut confisqué. Le pilote de ce navire conçut alors la déplorable idée de vouloir intimider le gouvernement japonais, afin d'obtenir par la crainte des procédés plus justes et plus humains. Il se mit à énumérer les nombreux états soumis au roi d'Espagne, et apercevant une Mappemonde chez le roi de Tosa qui lui donnait audience, il montra du doigt dans les deux hémisphères toutes les contrées appartenant à son souverain. Comme les assistants s'étonnaient de l'étendue de la puissance d'un seul homme, et s'informaient des ressources employées pour atteindre un si grand résultat, l'Espagnol, fort mal inspiré, répondit : « Le moyen est simple : nos rois envoient d'abord des missionnaires pour prêcher notre sainte loi, et quand les peuples sont convertis, ils expédient des troupes qui trouvent des alliés naturels dans les chrétiens : alors elles triomphent facilement du reste de la population. »

Cette parole, portée bien vite à Taïkosama, acheva de tout perdre. « Mes états sont donc remplis de traîtres, s'écria-t-il tout furieux, et le nombre en augmente chaque jour! J'avais exilé ces prêtres étrangers; puis, par pitié pour la vieillesse et les infirmités de plusieurs d'entre eux, j'avais toléré leur présence dans mon empire; je fermais les yeux sur d'autres que je croyais inoffensifs, et ce sont des serpents que je réchauffe dans mon sein.... Ils apprendront ce qu'il en coûte de se jouer de moi ! » A peine avait-il dit ces mots, qu'il jurait par les serments les plus redoutables, d'exterminer les docteurs chrétiens.

En effet, dès les premiers jours de décembre, il donna l'ordre d'arrêter les missionnaires, puis de les mettre à mort, en leur infligeant le supplice de la croix.

Cet ordre fut bientôt modifié : l'empereur consentit à épargner les jésuites, y compris l'évêque du Japon qui appartenait à leur compagnie, parce qu'ils s'étaient montrés plus réservés et plus respectueux pour ses édits. Mais, comme nous allons le voir, cette décision ne fut pas assez exactement observée pour enlever complètement à cette illustre congrégation les palmes du martyre. Trois de ses membres furent appelés à les cueillir.

En apprenant qu'on faisait mourir ceux qui refuseraient d'adorer les idoles, les chrétiens témoignèrent le désir de donner leur vie pour Jésus-Christ, et s'y préparèrent par un redoublement de prières, d'aumônes, de pénitences et de bonnes œuvres. Jamais ils n'avaient proclamé si hautement leur foi. Les hommes allaient se faire inscrire avec leur famille sur les listes que l'obséquieux empressement des magistrats les portait à dresser, et les femmes d'une position élevée travaillaient aux riches habits qu'elles voulaient porter le jour du sacrifice, afin de le rendre plus solennel et de témoigner du bonheur qu'elles en attendaient. Les petits enfants se réjouissaient d'accompagner leurs mères et d'entrer au ciel avec elles. Dans tous les rangs de la société, l'enthousiasme enflammait le courage. Ici des chrétiens recherchaient les magistrats pour confesser Jésus-Christ en leur présence; là des personnes du sexe le plus faible se réunissaient dans certaines maisons avec l'espoir d'être plus facilement reconnues et dénoncées; ailleurs, à Méaco, par exemple, une femme de qualité priait ses amies de la traîner au supplice, si elles la voyaient faiblir ou reculer au dernier moment. Qu'il nous soit permis de citer l'exemple donné par André Ongazavara, gentilhomme de Bongo, retiré à Ozaca. Il demanda, l'un des premiers, à figurer sur la liste de l'officier public, et quand il eut obtenu cette inscription qu'il préférait à une faveur, il voulut procurer à tous les siens le bonheur qu'il espérait pour lui-même. Il avait un père âgé de quatre vingts ans, et baptisé seulement depuis six mois : c'était un ancien officier, renommé pour sa bravoure, et dont la verte vieillesse était pleine de vigueur. Ongazavara craignait que ce respectable vieillard, méconnaissant le prix de l'humilité, ne résolût de se défendre, si la force publique voulait l'emmener en prison; il eut l'idée de lui conseiller une prudente retraite à la campagne où l'on ne s'aviserait sans doute pas d'aller l'inquiéter. Il alla le trouver, l'informa des graves nouvelles qui circulaient, et lui demanda s'il comprenait la gloire réservée à celui qui sacrifie sa vie pour l'amour de Jésus-Christ.

« Oui sans doute, car si c'est un honneur de mourir pour son prince, c'en est un bien plus grand de mourir pour un Dieu qui a voulu subir pour nous le sacrifice de la croix.

— Mais, mon père, il y a une grande différence entre le guerrier qui se bat sur le champ de bataille et le soldat de Jésus-Christ qui meurt plutôt que d'apostasier. Le premier vend chèrement sa vie, le second ne se met pas même en défense.

— Ne pas se mettre en défense, et se laisser tuer comme un lâche ! Ah ! mille fois non ! Je prétends me défendre, et protéger les religieux qui sont nos pères dans la foi. » Et en même temps il se couvre de ses armes en ajoutant : « Allons chez les missionnaires ; s'ils sont attaqués, j'abattrai sept ou huit soldats à mes pieds, et si je tombe dans le combat, je serai martyr.

— Non, mon père, ce n'est pas là l'esprit de Dieu, on n'est pas obligé d'aller au-devant de la mort, quelquefois même la prudence conseille de s'y soustraire. Retirez-vous de grâce ; allez à la campagne avec mon petit garçon ; vous sauverez ainsi l'unique espoir de notre famille.

— Comment oses-tu me tenir pareil langage ? A mon âge, craindre la mort que j'ai si souvent affrontée sur les champs de bataille ! non, non, je ne fuirai pas, je ferai de mon corps un rempart pour les pères, et je mourrai les armes à la main. »

Le bon fils n'insista plus, il garda le silence; et le père, tout ému, se dirigea vers les appartements de sa belle-fille, qu'il trouva fort occupée à s'ajuster une belle toilette. Les domestiques de leur côté se disposaient à quitter ce monde, et recherchaient les objets de piété les plus capables de soutenir leur constance. Il s'enquit de la cause de tant de préparatifs ; et comme chacun lui répondait qu'il se réjouissait de monter bientôt sur la croix, il resta quelque temps silencieux et réfléchi; puis, après un combat intérieur dont il était facile de deviner la cause, il se contenta de dire ces simples mots : « C'en est fait, je veux mourir comme vous ! »

Tels étaient les sentiments des fidèles japonais. La foi si généreuse des disciples fait assez connaître celle des apôtres qui la leur avaient apportée. Cependan, pour la plupart d'entre eux, l'espoir du martyre était prématuré; car la première sentence de mort ne comprenait que vingt-six personnes. Nous allons redire ce que l'histoire nous raconte de leur vie.

CHAPITRE V

Ce qu'étaient les vingt-six martyrs. — Paul Miki, écrivain et orateur, exhorte encore du haut de sa croix. — Pierre Baptiste Blasquez, apôtre puissant en paroles et en œuvres. — Martin d'Aguirre, philosophe et théologien savant. — Ferveur de Las Casas. — Mortification de François de Saint-Michel. — Courage de Mathias et de trois enfants. — Les martyrs, conduits pendant quatre semaines dans les villes et les villages, annoncent partout la vérité. — Ils sont crucifiés à Nangasaki le 5 février 1597. — Leur canonisation.

Parmi les vingt-six martyrs qui versèrent leur sang en 1597 pour attester la vérité du catholicisme, on compte trois jésuites, six franciscains, et dix-sept laïques japonais du tiers ordre de Saint-François.

Les trois membres de la compagnie de Jésus

s'appelaient Paul Miki, Jean de Goto et Jacques Kisaï.

Paul Miki, d'une noble famille japonaise, baptisé à cinq ans, avait été élevé par les jésuites d'Auzuquiama. La ferveur de son adolescence édifia tous ses condisciples : à vingt-deux ans, il voulut faire partie de l'institut, et s'adonna non-seulement aux études théologiques, mais à celles des sectes indigènes, qu'il tenait à connaître à fond, afin de les réfuter avec plus d'autorité. Sa parole facile et entrainante produisit de très-nombreuses conversions. Ecrivain et orateur, il avait composé des traités et fondé plusieurs catéchismes florissants : il était déjà diacre, et allait être ordonné prêtre, quand la maison d'Ozaka, où il se trouvait avec Jean de Goto et Jacques Kizaï, fut gardé à vue par les soldats. (9 décembre 1596.) Prisonnier, il ne cessa pas de travailler pour la vérité, et il eut le bonheur de lui conquérir encore six païens.

Quand les chrétiens essayèrent des démarches près du gouverneur pour lui exposer que Taïkosama ne voulait pas frapper les jésuites, Paul s'en plaignit, et leur écrivit : « Est-ce donc ainsi que vous m'aimez? Quoi! vous avez voulu me priver de cette immense faveur de Dieu, pour laquelle vous auriez dû au contraire vous réjouir et louer son infini bonté[1].

Pendant le voyage, il disait à ses compagnons : « J'ai atteint ma trente-troisième année; c'est l'âge auquel notre divin Sauveur a voulu mourir pour nous. C'est aujourd'hui la fête du saint Nom de Jésus; et, quoique indigne, j'ai le bonheur d'appartenir à la compagnie qui porte ce nom. C'est mercredi : à pareil jour, Jésus fut vendu aux Juifs. On dit que nous devons être mis à mort un vendredi; c'est aussi le jour de la mort de Jésus

[1] Pour ces paroles et les suivantes, voir les Bollandistes, tome du 1er février.

mon divin Rédempteur. J'éprouve une grande joie de ce que, malgré mon indignité, je peux ainsi en quelque chose imiter ce divin Maître qui a tant souffert pour nous. »

Dans la prison de Méaco, on l'entendit encore s'entretenir avec le Seigneur à haute voix, exprimer avec effusion sa tendre reconnaissance, et on le vit verser des larmes de joie.

Un jour il embrassa les franciscains en leur disant : « Que de grâces nous vous devons! C'est à votre ombre que nous avons trouvé l'immense bienfait du martyre. »

Attaché à la croix il voulut encore prêcher. « Vous tous ici présents, dit-il, écoutez-moi... Je n'ai commis aucun crime, et je meurs en croix pour avoir prêché la loi de Jésus-Christ. Je m'applaudis de mourir pour cette cause, et j'estime ma mort un grand bienfait de Dieu. » Au terme où vous me voyez, je ne trahirais par la vérité, et personne ne m'en croit capable. Eh bien, je vous le déclare, la religion chrétienne est le seul moyen de salut. Comme cette religion nous ordonne de pardonner à nos ennemis et à tous ceux qui nous ont offensés, je pardonne très-volontiers à l'empereur et aux auteurs de ma mort. Je n'éprouve contre eux aucun ressentiment, et nos vœux les plus ardents appellent leur conversion ainsi que celle de toute la nation japonaise. » Puis il exhorta les compagnons de son glorieux supplice et rendit le dernier soupir en disant : « Mon Dieu, je remets mon âme entre vos mains. Saints du ciel, venez à notre secours. »

Jean de Goto portait le nom de l'île où il était né. Il avait été catéchiste, servant de messe, il n'avait que dix-neuf ans et il venait d'être admis au nombre des novices quand il fut arrêté. Il lui eût été facile de s'échapper de la maison, mais il s'y refusa. Plein de candeur et de courage il montra une énergie forte au-dessus de son âge. Au moment de monter sur la croix, il vit son père s'approcher de lui pour l'embrasser une dernière fois : « Mon père, vous le voyez, lui dit-il, le salut éternel doit être placé avant tout : je vous en prie, ne négligez rien pour assurer le vôtre. — Merci, mon fils, merci! Et toi aussi sois vaillant, et accepte avec joie la mort, puisque tu la subis pour la cause de notre sainte foi. Ta mère et moi nous sommes prêts à sacrifier notre vie pour Jésus-Christ. » Jean donna son chapelet à son père, et lui remit pour sa mère l'étoffe dont il avait entouré sa tête. Ce père, digne d'un tel fils, resta debout au pied de la croix jusqu'à la fin du supplice, et le sang du martyr coula sur ses vêtements.

Jacques Kisaï, né de parents idolâtres, était artisan et avait vécu dans l'état de mariage. Après avoir procuré à son fils unique le bienfait d'une éducation chrétienne, il était entré comme frère coadjuteur chez les jésuites d'Ozaca. Il avait habituellement la charge de recevoir les étrangers : quelquefois il remplissait les fonctions de catéchiste. Il aimait à méditer la passion : il en avait une traduction japonaise, ornée de miniatures, qu'il avait copiée lui-même et qu'il portait toujours sur lui. A ceux qui célébraient son courage il répondait : « Je ne suis qu'un grand pécheur. » Quand il fut arrêté, il avait soixante-quatre ans.

Les six franciscains se nommaient Pierre Baptiste, Martin d'Aguirre ou de l'Ascension, François Blanco, Philippe de Las-Casas ou de Jésus, Gonzalve Garcia et François de Saint-Michel.

Le noble Pierre-Baptiste Blasquez, issu d'une famille de Castille, s'était voué de bonne heure à l'étude et à la pauvreté. Il mérite d'être classé parmi les religieux les plus instruits, les plus capables et les plus saints de son temps. Son immense bonté gagnait les cœurs, et son éloquence portait la conviction dans les esprits. Les Indiens, souvent exposés aux injustices et aux mauvais traitements des Espagnols, trouvèrent en lui un protecteur et un ami. Un jour, il réprimanda publiquement un puissant personnage, coupable d'avoir usé de procédés iniques envers ces indigènes pauvres et désarmés. Cet homme, blessé dans son orgueil, entra dans une violente colère, mais bientôt il revint à de meilleurs sentiments; et comme un de ses serviteurs offrait de le venger sur la personne du religieux, dominé par un sentiment de respect, il répondit : « N'y pensez pas, car le P. Pierre Baptiste est un saint, il n'a fait que son devoir. » Le père avait évangélisé le Mexique, et sa haute vertu l'avait désigné pour l'épiscopat, quand il partit pour le Japon, entraîné par le désir de sauver les âmes au péril de ses jours. Comme on cherchait à lui inspirer la crainte d'être longtemps sans confesseur dans les provinces idolâtres de cet empire : « Nous devons bénir Dieu, dit-il, quand il nous place dans l'obligation de ne pas pécher. »

Les Bollandistes assurent que le P. Pierre Baptiste avait le don des miracles, et citent la guérison d'une lèpre invétérée instantanément accordée à ses prières. Il était âgé d'environ quarante-huit ans lorsqu'il fut martyrisé. Du fond de sa prison, il écrivait à ses confrères de Nangasaki, leur racontait avec quelle affluence de fidèles et quelle joie spirituelle il avait célébré les fêtes de Noël ; puis il ajoutait : « ...... Si l'on met à mort nos chrétiens prisonniers chez le gouverneur, et qu'on nous rende à nous-mêmes la liberté, nous irons les exhorter et les encourager, et ce nous sera peut-être une occasion favorable pour être repris. Si nous ne sommes pas mis à mort, j'ai entendu dire que nous serions bannis du Japon. Que le Seigneur ordonne tout pour sa plus grande gloire! Je ne lui adresse aucune autre prière....

» On ne permet pas aux pauvres malades de sortir de l'hôpital; j'ignore s'ils auront les aliments nécessaires : pour peu que leur réclusion se prolonge, nous partagerons avec eux ce qui nous est donné à nous-mêmes; mon seul regret c'est de n'avoir pas assez de riz pour leur en distribuer, quoique, grâce à Dieu, les chrétiens nous assistent de leurs aumônes selon leur pouvoir. Cette lettre s'adresse à tous ceux à qui je ne peux écrire individuellement. Recommandez-nous tous à Dieu, comme nous le faisons à votre égard. »

Martin d'Aguirre appartenait à une illustre famille de Vergara. Il enseignait avec succès chez les Franciscains la philosophie et la théologie. Arrivé au Japon quand la persécution commençait à sévir, il apprit rapidement la langue du pays et eut la joie d'éclairer bien des idolâtres. Supérieur du couvent d'Ozaca, il fut arrêté dans cette ville, et conduit à ses frères de Méaco. Dans le trajet qu'ils eurent à faire pour se rendre à Nangasaki, lieu désigné pour le supplice, c'était surtout sa parole qui les exhortait à persévérer et à bénir Dieu.

Comme le P. Martin, François Blanco avait à peine trente ans; comme lui originaire d'Espagne, il se faisait remarquer par sa pureté, sa dévotion pour la sainte Vierge et sa tendre piété. Quand il fut élevé sur la croix, il manifesta toute la vivacité de sa joie. C'est lui qui de sa prison écrivait la lettre suivante :

« Nous attendons de jour en jour le moment où il nous sera donné de verser notre sang pour l'amour de Jésus-Christ; cette perspective nous rend bien heureux. Notre bonheur est augmenté par la vue de chrétiens si fervents qu'ils souffrent du retard, et que les bourreaux leur semblent trop lents à venir.

Nous en sommes étonnés et ravis ; ils nous viennent nombreux de Fucimo et des montagnes éloignées, disant à haute voix : « Si les prisonniers doivent subir la mort à cause de leur foi, nous voulons partager leur sort ; car nous aussi nous sommes chrétiens.... » On ne nous permet pas de leur parler ; mais j'ai honte de moi-même, quand je vois des hommes si récemment baptisés se montrer si courageux en face de la mort. »

Philippe de Las Casas portait un nom historique. A vingt-trois ans, son ardente et orageuse jeunesse avait déjà trouvé le temps d'essayer la règle de Saint-François, de s'y soustraire pour s'adonner au commerce, d'entreprendre de lointains voyages, et de rentrer dans cet ordre religieux qu'il devait si vite quitter pour le ciel. Ce fut aux îles Philippines qu'il reprit le saint habit. Ses parents, restés en Espagne, et heureux de savoir leur chère brebis rentrée au bercail, demandèrent à le revoir. Le supérieur, exauçant leur prière, l'avait embarqué sur le navire qui voguait vers le Mexique, et qui, jeté par la tempête sur les côtes du Japon, dut se réfugier dans le port d'Urando. Envoyé à Méaco, il se disposait à recevoir les ordres sacrés quand il vit son nom porté sur la liste des condamnés. Dès qu'il fut arrivé sur la colline de Nangasaki, il s'empressa d'embrasser sa croix, et se rappelant les avaries survenues au bâtiment qui le portait en Europe, il s'écria : « O bienheureux navire, sois à jamais béni, toi dont la ruine m'a procuré le plus grand de tous les biens. »

Le frère Gonzalve Garcia, né dans les Indes orientales, d'un père portugais et d'une mère indienne, avait passé quelques années à commercer avec le Japon et avait ainsi trouvé l'occasion d'en bien apprendre la langue. Le P. Baptiste, qui l'avait désigné comme son interprète, trouva dans ce cœur généreux un secours inespéré pour sa mission. Sur le point d'expirer, Gonzalve se jugeait indigne de la gloire qui l'attendait, et il voulut emprunter la prière du bon larron : « Seigneur, souvenez-vous de moi, quand vous serez dans votre royaume. »

Enfin le frère François de Saint-Michel était espagnol. Il avait un tel attrait pour la mortification, une telle soif des âmes, qu'il possédait, plus que bien des prédicateurs, le don de toucher et de convertir. Quand ses paroles ne suffisaient pas à l'exposition des mystères de la foi, il avait recours aux comparaisons et aux images matérielles. Il rem-remplissait dans l'église de Méaco l'office de sacristain. Une année, pendant la semaine sainte, il préparait, selon l'usage, le tombeau où devait reposer le Saint-Sacrement. Des Japonais entrèrent ; vite il se mit à leur raconter le but de son travail, et les souffrances de Notre-Seigneur que les fidèles devaient se rappeler en ces jours de salut. Comme les païens ne comprenaient pas son pieux langage, il les pria de revenir le Jeudi saint, leur promettant, pour ce jour, une explication dont le sens ne pourrait pas leur échapper. En effet, ce jour arrivé, et les spectateurs s'étant présentés dans le sanctuaire, il ôta ses vêtements jusqu'à la ceinture, se fit attacher les mains derrière le dos ; puis il pria l'un des idolâtres de lui administrer une rude discipline avec des cordes et de le fustiger sans pitié. A la vue de ces épaules meurtries et du sang qui s'en échappait, à la vue de ce fervent religieux pressant avec amour le crucifix contre son cœur, les aveugles païens eurent une idée plus nette de la Passion et comprirent mieux le reconnaissant amour qu'elle doit exciter dans nos âmes.

Quant aux dix-sept martyrs laïques, ils étaient japonais, mais d'âges divers et de conditions variées ; la vieillesse et même l'enfance y avaient des représentants. Parmi eux se trouvait un noble gentilhomme (Côme Tachegia), qui s'était élevé au-dessus des préjugés nationaux pour consentir aux modestes fonctions d'interprète des religieux.

Il y avait un père, Michel Cosaki, avec son fils, Thomas. Le père, fabricant de flèches, vivait péniblement du produit de son industrie; cependant il avait aidé à la fondation des couvents de Méaco et d'Ozaca, et avait fait de sa maison un hôpital. Thomas n'avait que quatorze ans; il avait déjà servi, comme manœuvre, les maçons employés à la construction de l'église de Méaco, et s'adonnait avec un zèle intelligent au service des malades, surtout à celui des lépreux. De la prison d'Ozaca il écrivait à sa mère une lettre où se lisaient ces mots : « Ma chère mère, ne soyez pas en peine pour moi ni pour mon père, puisque bientôt nous devons être en paradis. »

Deux frères (Paul Ibarki, Léon Carazuma) avaient été les serviteurs et les charitables infirmiers des pauvres. Thomas Danki, insigne bienfaiteur des malheureux, et deux médecins (Joachim et François), avaient prodigué leurs soins aux malades. Plusieurs avaient été catéchistes et servants de messe; Ventura, Jean Kimoia, Gabriel de Duisco, ancien page d'un gouverneur. Paul Suzuki avait consacré sa fortune à fonder des œuvres, et son esprit à composer ou à traduire des traités religieux dans la langue du pays. Nous citerons encore le vaillant Mathias, dont l'histoire nous émeut et confond notre esprit. Ce martyr habitait Méaco et demeurait dans le voisinage des Franciscains. Or, au couvent, un frère convers portait le même nom que lui. Quand les agents du gouverneur se présentèrent afin d'opérer les arrestations, le frère était sorti pour acheter les provisions; il ne put donc pas répondre à l'appel. Mécontent de ne pas saisir une de leurs victimes, les émissaires répétèrent plusieurs fois ce nom en élevant la voix; l'homonyme les entendit, et comme ce voisin avait la sainte ambition de souffrir pour Jésus-Christ, l'occasion de la satisfaire lui parut bonne; il voulut en profiter. Aussitôt il vint frapper à la porte de la communauté en disant : « Je ne suis pas celui que vous cherchez; mais je porte le même nom et je suis chrétien. » C'est ainsi qu'il obtint d'être empriprisonné et conduit au supplice.

Avec le jeune Thomas on comptait deux autres enfants, Antonin et Louis.

Antoine, âgé de treize ans, servait les messes avec une foi vive et une édifiante modestie. Quand il fut arrivé au lieu du supplice, il eut une dernière lutte à soutenir contre ses parents qui le suppliaient de se conserver à leur tendresse. Le magistrat, voyant leurs larmes, entendant leurs instances, se joignit à eux : « Ne résistez pas à vos parents, lui dit-il. Ils sont pauvres, c'est vrai; mais je vous recueillerai dans ma maison et je vous traiterai comme mon enfant... Puis, je vous le promets, Taïkosama vous comblera de richesses et d'honneurs. — Ne serait-ce pas folie, reprit Antoine, de préférer les biens fragiles aux biens éternels ?... Bientôt vous verrez quel cas je fais de votre promesse et de la vie elle-même. La croix ne m'effraie pas : je la désire au contraire par amour pour Jésus, mort sur une croix pour nous sauver. » Puis, s'adressant à sa mère, et lui donnant un de ses vêtements : « Ma mère, voilà pour vous consoler. Au ciel, où je serai bientôt, je prierai Dieu pour vous. Ne me pleurez pas ; pleurez plutôt ces malheureux idolâtres ! Je vais jouir pour toujours de la vie de mon Dieu, tandis que ces pauvres païens restent dans leur endurcissement ! »

Quant à Louis, c'était le plus jeune ; il n'avait que onze ans ! On ne voulait pas inscrire son nom sur la liste ; ses larmes et ses prières obtinrent ce qu'il regardait comme un bonheur. Sa grâce extérieure et son aimable enfance excitaient partout la sympathie et la compassion.

Un officier supérieur vint l'aborder en lui disant :

« Votre vie est dans mes mains; je vous sauverai, si vous voulez entrer à mon service.

— Je ferai ce que le P. Pierre Baptiste voudra; c'est lui qui est mon directeur.

— Louis profitera de vos offres, reprit le religieux, s'il lui est permis de continuer à pratiquer sa foi.

— Non, il faut qu'il abjure!

— Eh bien, à cette condition, reprit Louis avec vivacité, je ne veux pas vivre : pour des jours périssables, je perdrais une éternité de bonheur! »

Il fut le premier à demander quelle était sa croix, à courir vers elle et à l'embrasser.

Enfin deux chrétiens, chargés du service des martyrs, pendant le voyage de Méaco à Nangazaki, demandèrent de partager leur sort, quoiqu'ils ne figurassent pas sur la liste. Ils s'appelaient François Faholoute et Pierre Sukésico: mais ils sont honorés sous la dénomination commune d'*Adaucti* (les deux ajoutés).

Le 30 décembre 1596, Taïkosama prononça la sentence de mort *contre ceux qui étaient accusés* (suivant les expressions dont il se servit) *d'avoir prêché la loi chrétienne contre sa défense.* Ils furent d'abord exposés sur la grande place de Méaco, où on leur coupa le bout de l'oreille gauche ; puis on les promena souvent en charrette, quelquefois à pied, par un froid intense, pendant quatre semaines, au milieu des villes et des villages, afin que la vue des suppliciés répandit la terreur et dissipât toute idée de conversion. Mais ce but ne fut pas atteint. Le courage, la patience, la charité des martyrs, leurs paroles inspirées de Dieu ravissaient d'admiration et prêchaient la vérité avec une incomparable éloquence : aussi bien des gens de cœur se rendaient-ils à la force de leurs arguments. Les bonzes se plaignaient du moyen adopté par l'empereur pour détruire la foi. « Il ne faudrait pas beaucoup de voyage comme celui-là, disaient les plus intelligents d'entre eux, pour porter des coups mortels à l'ancienne religion du pays. »

Le 5 février 1597, au point du jour, après s'être embarqués la veille au soir pour parcourir les sept dernières lieues, et avoir passé en mer le reste de la nuit, exposés au froid le plus rigoureux, les saints faisaient leur entrée à Nangasaki. Près d'une baie située au nord de la ville, ils trouvèrent les PP. Pazio et Rodriguez, qui venaient à leur rencontre pour leur annoncer leur prochain triomphe ; ils s'arrêtèrent quelques instants à l'hospice Saint-Lazare. Tous ceux qui le purent se confessèrent, les autres reçurent l'absolution du P. Rodriguez. On leur apporta quelques aliments; mais au lieu de les accepter pour eux, ils les distribuèrent aux gardes chargés de leur surveillance.

Bientôt le gouverneur intima l'ordre du départ pour le lieu du supplice; cet ordre fut accueilli avec des transports de joie. Les trois enfants, Antoine, Louis, Thomas, marchaient en tête du cortége et se faisaient remarquer par leur empressement. « Ils paraissaient ravis de bonheur, dit le P. Froez, leurs visages étaient angéliques; ils avaient les mains liées derrière le dos; ils chantaient d'une voix claire et joyeuse l'oraison dominicale, la salutation angélique et d'autres prières. »

Le court espace qui séparait les martyrs de leur calvaire fut bientôt franchi, et ils arrivèrent promptement sur une des collines situées autour de la ville, qui s'appela plus tard *la sainte montagne*. Là, sur une sorte d'esplanade, gardée par des soldats, entourée d'une foule immense, vingt-six croix les attendaient !

« Au signal donné, dit M. l'abbé Bouix, les 26 martyrs sont attachés presque simultanément à leurs croix. Leur héroïque chef, le B. Pierre Baptiste, demande au bourreau de lui attacher les mains et les pieds avec des clous; mais il ne l'obtient pas. A peu près aussi au même instant toutes les croix se dressent et sont fixées [1].

A ce moment, Dieu achève de faire éclater dans ses martyrs les merveilles de la force surnaturelle de sa grâce et de son amour. Le B. Pierre Baptiste entonne le cantique de Zacharie, *Benedictus*, que les autres continuent; puis il est comme ravi en une extase de laquelle il ne revient plus : ses yeux se fixent au ciel; son visage, où rayonne une

[1] La plupart des charpentiers et serruriers de la ville avaient refusé leur concours; on eut de la peine à réunir les ouvriers nécessaires, et ces ouvriers ne tardèrent pas, dit-on, à être atteints de la lèpre.

joie sereine, reste immobile, et jusqu'au coup de lance il demeure ainsi absorbé. Le B. P. Miki, dont les prédications pendant le voyage et dans les prisons ont été continuelles et si efficaces qu'on le croyait inspiré par le Saint-Esprit, n'est pas plutôt élevé sur sa croix qu'il se met à prononcer l'admirable discours rapporté dans sa légende. Le petit Antoine, enfant de treize ans, prie le P. Pierre Baptiste d'entonner le *Laudate pueri Dominum;* et comme le père, absorbé dans son extase, ne lui répond pas, l'enfant entonne lui-même et continue à chanter le psaume jusqu'à ce qu'il reçoive le coup de lance... Tous prient, tous attendent le coup meurtrier avec une joie qui jette les païens dans la stupeur. Tout est prêt pour la consommation de l'holocauste: les vingt-six couronnes préparées au ciel ont reçu tous leurs fleurons. Un ordre est donné: le fer a lui aux mains des bourreaux. Un saisissement général passe dans toute la foule des chrétiens, qui se met à crier : « Jésus ! Marie ! » La poitrine des saints martyrs venait d'être transpercée, leur sang coulait, et leurs âmes s'envolaient au ciel. Le dernier frappé fut l'héroïque chef de la glorieuse troupe, le B. Pierre Baptiste. Il convenait qu'il ne sortît de combat qu'après avoir vu tous les siens hors de péril et assurés de la victoire. »

Ainsi fut à jamais assurée la victoire des glorieux martyrs ! A peine étaient-ils montés au ciel, que les fidèles se précipitaient au pied des croix pour recueillir le sang qui coulait en abondance. L'évêque du Japon, à qui le gouverneur avait rigoureusement défendu d'assister les martyrs, leur avait envoyé sa bénédiction, et priait dans une maison située sur le passage du cortége. Le même jour, il gravissait la colline de Nangasaki pour aller vénérer les reliques des saints. A leur aspect, un apostat, profondément contrit de son infidélité, jurait d'expier ses péchés. A leur intercession, des grâces miraculeuses se répandaient sur les fidèles, qui se hâtèrent d'entourer d'un fossé et d'une haie de bambous la place du crucifiement. « Des roses et d'autres fleurs, dit M. Léon Pagès, croissaient dans les trous où avaient été les croix; plus tard, vingt-six arbres y furent plantés. Une grande croix y fut aussi érigée... Il se faisait de fréquents pélerinages, surtout les vendredis et les samedis, et bien souvent on entendait dire aux fidèles : « Allons vers les saints martyrs. » Les uns faisaient le trajet pieds nus, d'autres gravissaient la colline à genoux. On s'infligeait là de rudes disciplines, et on invoquait l'intercession des vingt-six crucifiés en disant : « Vous tous, saints martyrs, priez pour nous! » Les signes de leur puissance éclatèrent si vite que les procédures de la béatification furent bientôt commencées. Trente ans plus tard Urbain VIII leur décernait les honneurs de la *béatification*.

Il était réservé à l'immortel Pie IX de compléter ces hommages, de proclamer *saints* les bienheureux martyrs, d'autoriser leur culte dans tout l'univers, et de les honorer d'un nouveau et suprême triomphe. Les cérémonies de leur *canonisation* se sont accomplies à Rome en 1862, le jour de la Pentecôte. Donnons ici la parole à un témoin oculaire[1] dont la foi et le talent charmeront nos lecteurs.

« A travers les épreuves de sa carrière terrestre, l'Eglise continue sa vie spirituelle et ajoute au calendrier des noms dont la renommée ne retentit qu'au ciel. Quelle confiance! Quelle foi! Quelle audace! Quelques hommes, passant sur la terre, infirmes et pêcheurs, vont remuer la cendre d'autres hommes obscurs, morts loin d'eux, il y a trois siècles; puis ils touchent en quelque

[1] M. A. Cochin, membre de l'Institut, etc. *Rome, les Martyrs du Japon, et les Evêques du dix-neuvième siècle.* Douniol éditeur.

sorte le ciel, ils frappent, ils s'écrient : *Elevamini portæ æternales!* Ouvrez-nous, portes éternelles! Et, d'une commune voix, ils proclament, par la bouche sacrée de leur chef, qu'il y a un Dieu vivant et juste, qu'il y a des âmes, qu'elles sont immortelles, que les corps ressuscitent, que les mérites sont récompensés, et que ceux qui ont souffert pour la justice vivent avec Dieu, vivent avec nous, lui parlent et nous parlent; qu'ils sont immortels, bienheureux et puissants.

Dans une seule cérémonie, toutes les croyances essentielles de l'humanité sont affirmées et contenues.

Comment raconter une telle solennité, les mouvements de la foule, les ornements de l'Eglise, la variété des costumes, la beauté des chants, les touchants emblèmes de l'offertoire, la lumière, le vin, le pain, les colombes, symbole de la vérité, de la vertu, de la foi, de l'âme affranchie et élevée au ciel, mais surtout la sublime ordonnance de la liturgie et l'incomparable langage de la prière publique? Je voudrais au moins fixer, comme il l'est dans ma mémoire, le moment où le décret est prononcé.

Trois cents évêques, marchant lentement deux à deux, revêtus de leurs ornements pontificaux, confondant la variété de leur langage dans l'unité d'une même prière, ont monté les degrés du plus beau temple du monde, servant de cortége au prince des évêques, au représentant le plus élevé de Dieu sur la terre, au vicaire de Jésus-Christ. Porté au-dessus d'une foule immense, émue, paisible, qui fait retentir sous les voûtes la magnifique parole : *Tu es Petrus*, inscrite en lettres gigantesques au pied de la coupole, et répétée, au son des instruments, par vingt mille voix, Pie IX, en descendant à terre, pose le pied sur le tombeau même des apôtres, et la cérémonie commence. Elle est simple, expressive et sublime. On dirait que l'Église monte de degré en degré et frappe à la porte du ciel en redoublant ses instances. A la première *postulation*, les *litanies* des saints invitent en quelque sorte tous les bienheureux à la fête; à la seconde, le *Veni Sancte Spiritus*, chanté avec recueillement, implore l'assistance de Celui qui fait les saints; à la troisième enfin, le décret est prononcé, le *Te Deum* éclate, et il semble que les nouveaux bienheureux se lèvent de la poussière et montent à l'éternité en présence des vivants : la terre, la tombe, le ciel se sentent unis dans l'immortalité des âmes. »

CHAPITRE VI

Calamités publiques et mort de Taïkosama. — Quelques nouveaux martyrs. — Nombreuses conversions réservées à l'évêque du Japon dans sa tournée épiscopale. — Le P. Organtin et le P. Valégnan. — Suchandono, roi d'Arima, persécute les chrétiens. — Grands exemples de foi, de générosité et d'héroïsme donnés par les fidèles.

Dès que la cruelle sentence de Taïkosama fut exécutée, les calamités se précipitèrent sur son règne et sur sa personne comme les vautours sur leur proie. Des tremblements de terre d'une violence inaccoutumée répandirent l'effroi dans le Japon et détruisirent d'imposants édifices. Les temples du faubourg de Méaco s'écroulèrent; leurs idoles furent renversées et brisées dans leur chûte; une foule de maisons furent détruites; mais on remarqua que celles des chrétiens furent généralement épargnées. A ce fléau se joignirent les inondations qui prirent d'effrayantes proportions; une pluie de cendres s'abattit sur deux villes importantes, une autre pluie de sable se dirigea sur une autre cité.

Enfin, on apprit que la santé de l'empereur était sérieusement attaquée; il était atteint de la maladie qui devait le conduire au tombeau. Il ordonna qu'après sa mort ses restes fussent déposés dans un riche cercueil, pour être placés dans le lieu le plus apparent du beau palais du Fucimi; il voulut, même de son vivant, être honoré à l'égal des *kamis;* et, à cause de ses talents militaires, il eut la pensée de se faire adorer comme le nouveau dieu de la guerre. Mais toutes ces extravagances d'un orgueil indompté ne parvinrent à dissiper ni ses remords, ni sa tristesse, ni son profond accablement; et bientôt il mourait, à soixante-quatorze ans, haï de sujets dont il avait été le fléau.

A sa mort, le christianisme put respirer; les généraux qui disposaient de la force publique ne voulaient pas le persécuter; il devint même plus florissant que jamais, et en 1599, on compta plus de trente mille conversions. Toutefois, au milieu de cette paix si favorable à la vérité, les royaumes de Fingo et de Naugato continuaient à souffrir pour la justice; les états de Fingo comptaient cent mille chrétiens, et le nouveau roi, Canzugédono, avait la folle prétention de les ramener au culte des idoles. Ses menaces aboutirent d'abord à des sentences d'exil et de confiscations de biens; plus tard, il revint à la charge et se montra plus cruel. Il s'attaqua aux principaux habitants de Jataxiro, et comme il rencontra chez eux une résistance qu'il ne prévoyait pas, il voulut condamner à mort deux nobles sujets dont il redoutait le courage et l'ascendant. Ils s'appelaient l'un Jean Minami, et l'autre Simon Taquenda. Le gouverneur chargé de présider à cette double exécuter était l'intime ami de Taquenda; avant d'ordonner la mort, il mit tout en œuvre pour sauver une vie qui lui était chère. Il se rendit chez le condamné, et s'adressant, tout en larmes, à la mère de celui qu'il voulait épargner, « Aidez-moi, je vous en prie, à vous conserver votre fils, et donnez-lui les sages conseils dont il a besoin. »

— Je n'ai pas à lui dire autre chose, reprit la courageuse mère, si ce n'est qu'il ne saurait acheter trop cher un bonheur éternel.

— Mais s'il n'obéit pas au roi, vous aurez la douleur de voir sa tête tranchée sous vos yeux.

— Plaise à Dieu que je mêle mon sang au sien! si vous voulez me procurer ce bonheur, vous me rendrez le plus grand service que je puisse recevoir d'un ami! »

Taquenda fit ses dernières dispositions avec calme et se préparait à la mort comme à une fête.

Pendant qu'il terminait ses affaires, un gentilhomme qui avait eu la lâcheté de retourner aux idoles, vint le voir pour lui donner encore une preuve de son affection. Ce Japonais fut si ému du courage dont il était témoin, qu'il promit au martyr de faire pénitence et de suivre, s'il le fallait, son exemple.

Quant à Agnès, femme de Taquenda, dont la douceur égalait la ravissante beauté, elle vint se jeter à ses pieds, et le supplia de couper ses cheveux, parce qu'elle voulait lui offrir un dernier gage de sa tendresse, et vivre dans la retraite, si elle n'obtenait pas la grâce du martyre.

L'exécution eut lieu dans la nuit; la mère et l'épouse y assistèrent; elles prirent dans leurs mains la tête du martyr, la couvrirent de baisers, de larmes, et demandèrent avec instance à Dieu, par les mérites d'une si belle mort, de vouloir bien accepter le sacrifice de leur existence ici-bas. Elles passèrent en prières toute la journée suivante : et le soir elles apprirent qu'elles étaient exaucées. La nouvelle leur fut donnée par Madeleine, veuve de Minami, appelée aussi à payer de sa vie son amour pour la vérité. Elle vint les trouver avec un enfant de sept ans, son fils adoptif, et leur apprit qu'elles allaient être crucifiées avec ce petit garçon appelé Louis. A la fin du jour, on les conduisit tous les quatre en palanquins au lieu du supplice. La mère de Taquenda, s'adressant à la foule assemblée, l'exhorta chaleureusement à renoncer au culte des idoles pour adorer le vrai Dieu. Elle n'avait pas terminé son allocution qu'elle avait reçu du haut de la croix le coup de lance qui lui perça le cœur. Les trois autres martyrs imitèrent son courage, et souffrirent avec un calme qui excitait l'admiration de tous et attendrissait jusqu'aux bourreaux.

A l'exemple du roi de Fingo, le roi de Naugato voulut procurer aussi à plusieurs chrétiens la grâce du martyre. Un puissant seigneur, appelé Melchior Bugondono, fut frappé le premier. Son courage, exposé à de très-rudes assauts, ne se démentit pas un instant. Il aurait aimé qu'on le traînât dans les rues d'Amanguchi, afin de recueillir les insultes de la populace et de participer ainsi aux ignominies de la Passion.

Cette amère satisfaction lui fut refusée, et il fut décapité dans sa maison. Sa femme, ses enfants, son gendre et ses neveux marchaient sur ses traces; ils furent, comme lui, condamnés à mort et partagèrent sa glorieuse destinée. Ces exécutions furent suivies de celles de Damien, pauvre aveugle qui vivait d'aumônes et avait le zèle d'un apôtre. Les bonzes connaissaient son salutaire ascendant sur les âmes, et attachaient un grand prix à le faire disparaître de la scène, parce que cet homme d'un rang si obscur les avait plusieurs fois confondus et réduits au silence dans des conférences publiques.

Ailleurs encore, il est vrai, les autorités essayèrent d'imposer par la force le retour aux anciennes superstitions; mais à part quelques lamentables défections, les fidèles surent tenir tête à l'orage, et leur fermeté parvint à le dissiper.

En 1605, le Japon comptait environ un million huit cent mille chrétiens. L'évêque fit sa tournée pour visiter les diverses églises, distribuer le sacrement de confirmation et fortifier ainsi la foi des fidèles. Son voyage fut comblé d'honneurs et de consolations. L'empereur l'accueillit avec distinction et lui témoigna beaucoup de déférence. Le roi de Bungen le reçut à la tête d'une cour nombreuse, lui dit qu'en l'honorant il suivait l'attrait de son cœur, et que s'il n'était pas encore baptisé, il se sentait intérieurement attiré vers le Christianisme. A Ozaca, l'accueil réservé au prince de l'Eglise fut enthousiaste. Là, plus qu'ailleurs, la foi était florissante, les Jésuites y avaient élevé un observatoire dont les habitants faisaient leurs délices. Ils étaient émerveillés de pouvoir y contempler les astres à l'aide d'instruments nouveaux, de connaître d'avance les éclipses, de s'expliquer certains phénomènes qui leur avaient toujours semblé des énigmes, et ils disaient que des savants aussi instruits, aussi sages et aussi désintéressés devaient être les prédicateurs de la vraie religion.

Ainsi la science accomplissait sa mission; elle éclairait, conduisait à Dieu, et cette salutaire influence s'étendait à l'enfance.

Deux petits garçons de moins de douze ans, dominés par l'ascendant du savoir uni à la foi, vinrent un jour trouver les Pères pour leur demander le baptême. Interrogés sur le catéchisme, ils répondent bien et se montrent tout à fait dignes de la grâce qu'ils sollicitent. Mais ont-ils le consentement de leurs parents? Ils affirment que leur famille ne s'oppose pas à leur conversion, se jettent à genoux et déclarent en pleurant qu'ils ne sortiront pas de l'église avant d'avoir été baptisés! Cependant, à quelques jours de là, le père entrait en fureur, parce qu'il s'apercevait que le plus jeune de ses fils était chrétien.

« Serais-tu donc, lui dit-il, de la religion nouvelle?

— Il me semble que vous m'en avez donné la permission.

— Non certes; si tout à l'heure tu n'adores pas nos dieux, tu périras de ma main.

— Mon père, vous ferez de moi tout ce qu'il vous plaira; je suis résolu de vivre et de mourir dans la foi catholique. »

A ces mots, le père, hors de lui, déchire les vêtements de son fils, le suspend par les aisselles et le flagelle jusqu'au sang. De temps à autre il l'interrogeait :

« Veux-tu toujours adorer Jésus-Christ? »

Et l'enfant répondait :

— Oui, je veux vivre et mourir chrétien. »

Bientôt ce petit corps ne fut plus qu'une plaie; le père eut horreur de lui-même, il cessa de frapper avant d'avoir pu vaincre l'inébranlable constance de petit martyr.

Pendant que des traits si touchants fortifiaient les espérances du premier pasteur, la mort de ses plus courageux coopérateurs abreuvait son âme d'amertume. Elle lui enleva, à courts intervalles, Louis Froez, le fondateur, le soutien de tant d'églises au Japon, le P. Orgentin et le P. Valégnan.

Orgentin, issu de nobles parents, nourrissait dès son enfance le désir du martyre. Merveilleusement guéri d'une terrible maladie à la suite d'un pélerinage, il était sorti de Notre-Dame de Lorette pour se diriger vers le noviciat de la Compagnie, persuadé que dans l'ordre de Saint-Ignace il aurait de meilleures chances pour cueillir la couronne du martyre. Toute son ambition consisait à être envoyé au milieu des infidèles. A force de prières et de larmes, il fut exaucé, vécut quarante ans au milieu d'eux, les aima comme un tendre père chérit ses enfants, et continue du haut du ciel à intercéder pour leur salut.

Quant à Vélégnan, il fut un des plus illustres ouvriers du Catholicisme au Japon; docteur en droit à dix-neuf ans, il voulut renoncer à toutes les grandeurs du monde pour entrer dans la Compagnie de Jésus sous le généralat de saint François de Borgia. A peine sa théologie terminée, il était chargé d'une mission importante et délicate: c'était de surveiller les jeunes novices, de les conduire au collége romain et de les former à la piété. Il accomplissait cette tâche, quand il fut, sur sa demande, envoyé dans les missions étrangères.

Il vint en Orient avec le titre de visiteur général pour les Indes, le Japon et toutes les missions d'Asie. Esprit, cœur, sainteté, il réunissait en sa personne tout ce qui attire l'affection reconnaissante des hommes et les abondantes bénédictions de Dieu.

Si les temps étaient plus calmes, les épreuves, on le voit, ne manquaient pas dans l'empire du Soleil levant : et d'ailleurs, nous l'avons déjà remarqué, le sang coulait, par intervalles, dans quelques provinces. Le plus odieux persécuteur de cette époque fut Suchendono, roi d'Arima. Ce jeune prince avait détrôné son père et l'avait conduit au tombeau. Il connaissait la vérité et en avait foulé aux pieds les divins enseignements. Sa corruption fut d'autant plus odieuse qu'il avait reçu plus de grâces et les avait méprisées pour obéir à ses passions. Sachant que l'empereur comptait abolir le christianisme au Japon, il voulut faire sa cour en prévenant la volonté du maître;

il fit dresser dans son royaume les croix et les bûchers.

Sa tâche de persécuteur était ardue, car deux rois pieux, ses prédécesseurs, n'avaient pour ainsi dire laissé aucun idolâtre dans leurs états. Cependant cette considération ne l'arrêta pas : il promulgua un édit pour proscrire la vraie religion ; et, comme application de cette mesure, il déclara ne vouloir à l'avenir aucun chrétien à sa cour. Mais il rencontra dans tous les rangs, et surtout dans les classes élevées, une fermeté de croyances, une noblesse de sentiments et une énergie qu'il ne prévoyait pas. Les hommes répondent vaillamment à la menace du prince : « Il vaut mieux, disent-ils, obéir à Dieu qu'aux hommes ; » et ils sont prêts à perdre leur place, leur fortune, leur vie même, plutôt que de renoncer à Jésus-Christ. Deux jeunes seigneurs absents reviennent à leur poste, tout exprès pour annoncer la même détermination et partager le sort de leurs amis.

Suchendono essaya de nouveau d'intimider son peuple en condamnant à mort un certain nombre de sujets haut placés, et il s'en prit à deux frères d'une position fort élevée, appelés Onda et Mathias. Le roi leur signifia l'ordre de revenir au culte des idoles. Mais Onda, directement interpellé, répondit : « Prince, un bon soldat ne s'éloigne pas du drapeau de son capitaine, dût-il lui en coûter la vie! je ne quitterai pas la bannière de Jésus-Christ. » Dès lors sa pensée dominante fut de se préparer à la mort. Chaque matin il entendait la messe dans sa chapelle et y recevait le pain qui donne la force d'affronter les supplices. Un jour, un ami vint lui conseiller de se cacher ou au moins de mettre ses enfants en sûreté. « Je m'en garderai bien, reprit-il, nous ne serons jamais mieux, mes enfants et moi, que sous le glaive qui nous ouvrira le ciel. » A ce moment mieux que jamais il comprit que sa dernière heure était proche, et il passa toute sa nuit à prier.

Le lendemain, un envoyé du gouverneur venait le chercher, sans lui dire le but de sa démarche; mais Onda devina quelle était l'affaire à traiter avec ce fonctionnaire; et avant de partir il se jetait aux genoux de Marthe sa mère, en lui demandant sa bénédiction. Il bénit lui-même ses deux enfants âgés de dix et douze ans, embrasse sa femme, prévient son frère du sort auquel il doit se disposer lui-même, et se dirige vers le palais du magistrat, qui l'invite à manger avec lui. « Quand des guêpes font des ruches, dit un proverbe, c'est pour y mettre du poison au lieu d'y déposer du miel. » Ainsi, quand les méchants empruntent de séduisants dehors, d'aimables procédés, c'est pour nous faire tomber dans leurs piéges. Aussi ce gentilhomme ne se laissa pas prendre à cette amorce; il continuait en silence sa préparation à la mort, quand il acquit la certitude qu'il ne tarderait pas à la recevoir. En effet, pendant qu'on apprêtait le repas, le gouverneur se fit apporter un sabre, et le tira du fourreau en demandant à Onda ce qu'il en pensait. Le vaillant seigneur prit cette arme, l'examina, la baisa, puis la rendit en disant : Ce glaive coupera bien la tête d'un homme, et ce sera l'unique mets que vous lui servirez. » L'hôte ne répondit pas, il leva le bras; d'un seul coup il avait exécuté la cruelle consigne !

Mathias suivit de très-près le sort de son frère. Bientôt ce fut le tour de Marthe et de ses deux petits-fils Jacques et Juste. Quand cette sainte femme connut la faveur faite à sa famille, elle tressaillit de joie, et dit à ses enfants : « Votre père et votre oncle sont morts pour Jésus-Christ; maintenant nous sommes appelés à aller les rejoindre. »

— Mourons, nous aussi, demandent les petits enfants, oui, c'est la grâce qui nous attend! O! quelle grâce, s'écrièrent-ils, de mourir martyrs! »

Cependant la joie n'était pas complète dans la famille, et la propre mère de ces généreux enfants ne pouvait se consoler de ce que l'arrêt de mort ne mentionnait pas son nom. Si elle cessait de pleurer, c'était pour exhorter ses fils et les prémunir contre la crainte que leur jeune âge pouvait si naturellement éprouver à la vue du dernier supplice : « Allez, leur dit-elle, rejoindre votre père dans le sein de Dieu ; quand vous serez avec lui, n'oubliez pas la mère que vous laissez dans cette vallée de larmes, et qui regrettera toujours de n'avoir pas obtenu avec le reste de sa famille la palme du martyre. »

La grand'mère et les petits-fils furent portés en litière au lieu du martyre. Jacques l'aîné fut sacrifié le premier, et sa tête alla tomber près de Juste, qui se mit alors à prier avec un redoublement de ferveur. Marthe, heureuse de savoir sa famille au paradis, fut immolée la dernière. Elle portait sur sa poitrine deux reliquaires; elle destina l'une de ses reliques à un frère du roi dont elle avait été gouvernante, envoya l'autre à sa fille; puis elle reçut le coup mortel avec un courage digne de sa foi.

Que dire de ce pieux Yémondono, qui catéchisait lui-même ses vassaux, les gagnait à la foi par sa charité, par l'onction de sa parole, et connaissait assez le chemin des cœurs pour toucher et convertir plusieurs bonzes? Que dire de ses fils, de ses belles-filles, si dignes d'un tel père, si empressés à marcher sur ses traces, si heureux de souffrir avec lui pour la vérité? Aux approches des supplices, ils voulurent congédier les gens attachés à leur service, pour leur sauver la vie; mais les serviteurs avaient si bien profité des grands exemples dont ils étaient témoins, qu'au lieu de se retirer, ils demandèrent, comme grâce suprême, à leurs maîtres, de les préparer à la mort et de les admettre à partager leur sort. Comment louer enfin ces saints prisonniers dont le zèle et les vertus amenaient au baptême les gardiens de leurs cachots?

Tous ces héroïques confesseurs méritèrent des grâces singulières de fermeté en faveur de leurs compatriotes : et des milliers de chrétiens se disposèrent à mourir pour leur foi. Les petits enfants eux-mêmes nourrissaient pour ainsi dire au berceau l'ambition du martyre, et plus tard s'associaient entre eux pour se livrer à des pratiques de piété qui leur obtinssent la persévérance. L'un d'eux rencontre un jour, dans les rues d'Arima, un agent de police qui veut lui enlever son chapelet. L'enfant résiste dans la mesure de ses forces. « Rends-toi, dit le garde, sinon je vais te tuer.

— Tant mieux, repartit le jeune chrétien, car je serai martyr! »

A ces mots, le pauvre garde, dont le dur métier pesait à sa conscience, est touché jusqu'aux larmes, il embrasse l'enfant et s'éloigne.

Une croix placée dans un lieu public venait d'être abattue; un Japonais, étant passé de ce côté, la voit renversée, foulée aux pieds; il la ramasse, l'emporte chez lui, et fait connaître à sa famille qu'il mourra plutôt que de renoncer à vénérer l'instrument de notre salut. Sa femme est décidée à suivre les traces de son mari. Mais sa petite fille l'inquiète; que deviendra-t-elle quand ils ne seront plus avec elle pour l'élever? L'enfant rassure ses bons parents : « Moi aussi, leur dit-elle, je veux être martyre; quand on viendra nous chercher, je ferai en sorte de mourir la première! »

Un bonze de grand renom eut l'idée d'apporter à la cour des espèces de chapelets destinés à honorer les idoles. Il en offrit à un page du roi; ce page, âgé de neuf ans, osa refuser, et dire : « Le roi ferait mieux de reprendre son chapelet de chrétien que de vouloir entraîner les autres dans son apostasie. » Cette parole courageuse lui valut la peine du bannissement. La même offre, faite à une dame de la cour, fut énergiquement rejetée. Jetée en prison, étroitement liée à une colonne, privée de nourriture, cette sainte chrétienne ne faiblit pas. Chassée de la cour, privée de sa fortune, réduite au rang des esclaves, elle s'estimait heureuse de souffrir pour le divin Epoux de son âme.

Malgré ces traitements barbares, les femmes de haut rang continuaient à se montrer en public, ornées des symboles de la religion et disposées à tout perdre plutôt que de s'en séparer. Parmi celles qui excitèrent le plus d'admiration, on cite Lucie, Claire et Julie. Le roi avait conçu pour Julie une passion qui employa vainement tous les moyens de la séduire. Mécontent de son échec, il voulut se venger, et livra sa victime à des satellites, qui la conduisirent en prison avec Claire, en les accablant toutes deux d'insultes et d'humiliations. Fidèles à leur consigne, ils les emmenèrent dans des îles incultes et sauvages; afin d'ajouter à leurs privations, ils eurent bientôt l'ordre de les séparer; et Julie passa quarante ans dans la misère, au milieu de pauvres pêcheurs qui ne pouvaient rien pour elle, privée de toutes les consolations de la terre, mais inondée de grâces célestes. Lucie était belle aussi, jeune, et d'une grande vertu. Après l'avoir épousée, le roi l'avait répudiée; elle fut condamnée, comme ses deux compagnes, à passer sa vie dans une cabane mal abritée, à supporter les rigueurs de la pauvreté et à subir tous les délaissements, heureusement adoucis et charmés par les consolations venues de Dieu.

L'inébranlable fermeté de tant de chrétiens parut lasser la cruauté de Suchendono; pendant quelque temps, il voulut fermer les yeux, et les fidèles purent respirer en paix; cependant ce n'était qu'un armistice. Le gouverneur de Naugasaki, l'un des mauvais génies du roi, attisait le feu de la persécution. Irrité des lenteurs qui ajournaient ses sanguinaires projets, il insinua au prince que l'empereur le supposait chrétien, parce que tous ses sujets faisaient publiquement profession de christianisme. Le roi, craignant alors de perdre son trône, convoqua ses principaux officiers pour leur demander de dissimuler leur foi. « Il est vrai, leur dit-il, que j'ai châtié plusieurs chrétiens qui avaient troublé la paix du pays ; mais, au fond, je ne suis pas hostile au christianisme, et quand la prudence me le permettra, je lui donnerai des preuves de ma bonne volonté. Cependant, croyez-moi, cachez votre religion jusqu'au retour des jours meilleurs. Cette sage conduite, donnant satisfaction à l'empereur, sera mon salut et le vôtre. » Les uns se retirèrent en silence, les autres promirent leur adhésion au nouveau plan de conduite; mais trois d'entre eux déclarèrent qu'à leurs yeux cacher sa religion ce serait la trahir. Le premier souverain, c'est Dieu; jusqu'au dernier soupir ils seront ses fidèles serviteurs. Arrêtés et enfermés d'abord dans une maison particulière qui n'est pas encore la prison publique, ils apprennent au bout de quelque temps qu'ils doivent être traités avec la dernière rigueur, et qu'ils entraîneront la perte de leur famille s'ils ne se rétractent pas. Mais au lieu de chercher leur grâce, ils se préparent avec joie à la mort; et le jour où la sentence est exécutée, on voit avec attendrissement les huit personnes dont se composent ces trois familles aller au supplice comme à un triomphe. Elles ont d'ailleurs un magnifique cortége. Vingt mille chrétiens, venus de la campagne pour honorer les martyrs, s'unissent aux habitants de la ville, servent d'escorte avec des guirlandes, des cierges et des chapelets, félicitent ceux qui vont mourir, et chantent les louanges du Seigneur. Ce spectacle imposant inspire des remords salutaires aux seigneurs dont le courage a faibli devant le prince. Ils demandent alors le même sort que leurs amis; et ne pouvant l'obtenir, ils se résignent à un exil volontaire.

Quant aux prisonniers, à peine arrivés près des bûchers, ils courent embrasser les poteaux auxquels ils vont être attachés. L'un d'eux veut parler : « Mes frères, dit-il, admirez la force de la foi dans de faibles créatures, et la joie qu'elle nous inspire à la vue des plus affreux supplices; comprenez combien elle est sainte, puisqu'elle nous élève si fort au-dessus de la nature!... » Les fidèles répondent par leurs sanglots, et les tortures du feu commencent! Les spectateurs suivent avec une douloureuse anxiété les diverses phases du supplice. Tout à coup ils aperçoivent un jeune enfant, dont les liens étaient brûlés, courant à travers les flammes pour chercher sa mère, l'embrasser encore et mourir dans ses bras!

Une autre martyre, une femme, reste seule, debout, le regard tourné vers le ciel; puis elle ramasse des charbons ardents pour en couronner sa tête; enfin, on la voit tomber paisiblement et s'étendre sur le brasier dont elle était entourée!

CHAPITRE VII

Causes de l'infernale persécution commencée en 1614, et continuée pendant environ cinquante ans. — Sentence de mort publiée à Méaco. — Emprisonnements et déportations. — Lettres du roi de Tamba et de son fils — Exil et mort d'Ucondono. — Une armée de dix mille hommes et les plus horribles tortures sont employés par Fascengava, nouveau roi d'Arima, pour exterminer les chrétiens. — Travaux du R. P. Charles Spinola. — Ambassade de 1640. — Traités de 1854 et 1858. — Béatification de deux cent cinq martyrs en 1867. — Découverte de nombreuses chrétientés japonaises.

Les événements que nous venons de raconter se passaient en 1613; ils furent comme le sanglant prélude de cette persécution générale, commencée en 1614, qui dura cinquante ans environ et qui aboutit à l'anéantissement presque complet du christianisme au Japon. Trois causes principales amenèrent cette lamentable catastrophe : la conduite des marchands et des marins venus d'Europe, les passions désordonnées des souverains japonais, et les préjugés des populations surexcitées par l'infernale autorité des bonzes.

Parmi les navigateurs qui avaient abordé dans ces contrées lointaines, quelques-uns avaient fait aimer la vraie religion par leurs vertus; mais plusieurs l'avaient déshonorée par leurs intrigues et leur déloyauté. Leurs méfaits colportés et amplifiés avaient impressionné les esprits en y semant la défiance et l'aversion. Les Portugais et les Espagnols avaient noué des relations commerciales avec cet empire; mais les deux nations étaient représentées par des marchands avides, rivaux au lieu d'être émules, qui cherchaient à se nuire au lieu de s'entr'aider. En 1609, il était survenu un troisième élément de discorde bien plus actif que la mésintelligence dont nous parlons; un navire hollandais se chargea de l'apporter.

La nation hollandaise voulait faire valoir à la fois son commerce et sa secte. Adonnée au négoce et aux entreprises maritimes, elle tendait à fonder des comptoirs à la place et sur la ruine de ceux qui avaient ouvert la voie. Nouvellement entraînée dans les erreurs protestantes, elle avait à cœur de combattre l'influence catholique de l'Espagne, comme elle venait de se soustraire à sa domination politique. Manœuvres et intrigues secrètes, faux bruits, propres à inspirer au gouvernement du pays la crainte de se voir supplanté par la cour de Madrid, elle mit tout à profit pour atteindre son but, c'est-à-dire l'interdiction des ports aux vaisseaux des catholiques.

On raconte qu'un jour, un vaisseau hollandais s'étant brisé contre les îles japonaises, le capitaine sollicita et obtint la permission de reconstruire son navire. Ce travail exigea un assez long séjour, qu'il utilisa pour étudier le pays et s'y créer des relations. Il eut une audience du souverain, pendant que des officiers de la marine espagnole faisaient, le long des côtes, des opérations de sondages, dans le but de reconnaître les points favorable à navigation et d'éviter les écueils dont leurs bâtiments avaient si souvent éprouvé les dangers. Cette opération si facile à expliquer devint un texte d'accusation. Le souverain parla de cet incident, et demanda s'il était conforme aux usages adoptés en Europe. « Non, répondit le Hollandais, c'est un acte d'hostilité. Les Espagnols et les Portugais sont des ambitieux : ils veulent pénétrer partout. Leurs religieux sont des espions; quand ils s'établissent dans un pays, c'est pour l'explorer, miner le terrain et détacher peu à peu les populations de leur légitime souverain. Aussi ces religieux sont-ils bannis du

Danemarck, de la Suède, de l'Angleterre, de la plupart des Etats allemands et de la république de Hollande. »

Quoi qu'il en soit de cette conversation, révoquée en doute par quelques historiens, il est certain que la haine des Hollandais contre le Catholicisme les aveugla au point de leur inspirer une odieuse trahison. Un de leurs corsaires s'étant emparé d'un vaisseau qui portait comme passagers deux religieux espagnols, ils eurent l'infamie de livrer au gouvernement japonais les deux missionnaires, qui furent condamnés au dernier supplice.

Malgré ces intrigues et ces odieux procédés, les princes qui se succédaient sur le trône impérial du Japon ne pouvaient s'empêcher d'admirer les beautés de la doctrine chrétienne. Mais elle leur montrait clairement qu'il y avait des vices à combattre, des vertus à pratiquer; et comme ils manquaient d'énergie pour attaquer les uns, pour aspirer aux autres, il leur tardait de faire disparaître cette lumière importune, et ils espéraient ainsi parvenir à étouffer les remords de leur conscience. La plupart de leurs favoris abondaient dans leurs projets et fortifiaient leur hostilité. De tous ces conseillers, Fascengava, le gouverneur de Nangasaki, dont l'ascendant avait exercé sur l'esprit du roi d'Arima une si fâcheuse influence, contribua le plus au renouvellement des édits de persécution. Pour lever les derniers scrupules du souverain, il n'hésite pas à débiter de nouvelles calomnies sur le compte des chrétiens. A l'entendre, ils honorent les criminels et les regardent comme des dieux; il leur suffit que la justice ait sévi, pour que le coupable ait droit à leur vénération. Peut-il exister un système plus dangereux pour la sécurité des princes et la paix des populations?

Bientôt parurent les ordonnances qui bannissaient les missionnaires, prescrivaient la démolition des églises, et enjoignaient aux chrétiens de retourner au culte des idoles.

L'officier chargé de publier à Méaco la volonté du tyran ajouta que les récalcitrants seraient brûlés vifs et qu'ils pouvaient déjà préparer les colonnes auxquelles ils seraient attachés. Dès le lendemain, chaque chef de famille dressait devant sa maison le nombre de poteaux nécessaires pour lui et les siens. Un pauvre vendit son habit, et une femme sa ceinture, afin de pouvoir se procurer le bois de leur supplice. Devant une telle manifestation, le pouvoir ne voulut pas exécuter sa menace, et il essaya, sans plus de succès, d'obtenir, par des moyens moins rigoureux, des apostasies refusées à l'intimidation. Il tâcha de vaincre par la persuasion, et comme il n'y parvenait pas, il eut recours à la prison et à l'exil. Soixante-treize seigneurs de Méaco, d'Ozaca, de Sicai, parmi lesquels se trouvait le frère aîné du saint martyr Paul Miki, furent transportés dans le nord du Japon, conduits comme des criminels en pays sauvage, et condamnés à une vie de privations. Une lettre d'un chrétien à un jésuite, caché à Ozaca, donne une idée du traitement qu'ils subissaient: « Le vingt-deuxième jour de la troisième lune (le 30 avril), j'allai voir les exilés, et je ne saurais vous dire combien leur vue m'inspira de dévotion et de confusion de moi-même. Chaque jour, ils font ensemble leurs prières avec une heure d'oraison.... En arrivant ici, ils couchèrent la première nuit sur la terre nue, dans un grand magasin où ils restèrent enfermés : pour la nuit suivante chacun d'eux reçut une natte. La nourriture était en rapport avec le logement; mais ils se consolaient en se rappelant mutuellement les souffrances des martyrs. Un jour, un des officiers chargés de les mener en exil parla de l'extrême répugnance avec laquelle il avait accepté la charge de maltraiter ainsi de vieux guerriers renommés pour leur bravoure; puis il ajouta : Leur conduite prouve victorieusement la vérité d'une religion que je ne tarderais pas à embrasser moi-même, si les temps devenaient meilleurs. »

Les édits de déportation se succédèrent ; car le souverain ne gardait plus de ménagements ni pour le rang, ni pour l'âge, ni pour le sexe. Une nouvelle liste fut dressée pour déporter une foule de Japonais hors du territoire. Elle comprenait l'illustre Ucondono, qui vivait dans la retraite depuis la première persécution si généreusement supportée par sa piété. La proscription atteignit aussi le roi de Tamba, son fils, le prince Thomas, plusieurs princes et princesses, et une foule d'autres confesseurs de la foi.

Ce roi écrivait au P. Pasio :

« La persécution va toujours croissant, et nous sommes en très-grand nombre disposés à donner notre sang pour la cause de Dieu.

Je pense que ceci ne finira pas de sitôt, et que le Seigneur veut nous fournir l'occasion de souffrir pour son saint nom; s'il en est ainsi, nous aurons la consolation d'imiter les anciens martyrs qui ont fait la gloire de l'Eglise et l'ont cimentée de leur sang.... »

Deux lettres du prince Thomas sont parvenues jusqu'à nous, dit le P. Charlevoix; l'une est adressée aux fidèles de Cumamoto.

« Mes très-chers frères, il m'a été bien douloureux d'apprendre que la persécution avait fait quelques infidèles; mais la fidélité du plus grand nombre m'a consolé. Que j'aurais de joie d'être avec eux s'ils ont le bonheur de mourir martyrs! Je baiserais le sang qu'ils verseraient pour Jésus-Christ, et je les prierais de m'obtenir la même grâce.... Je suis ravi que ces généreux confesseurs aient fait le sacrifice de tous leurs biens, mais je n'en suis pas surpris; peut-il exister des hommes assez insensés pour préférer de vaines richesses à un Dieu? Ceux qui nous dépouillent nous rendent grand service; car enfin ils ne nous ôtent rien que nous ne devions quitter un jour! Et n'est-il pas certain que ces biens périssables sont le plus grand obstacle à notre salut? Sacrifier des trésors temporels à l'acquisition des biens éternels, c'est, à mon sens, agir comme de sages usuriers; c'est donner de la boue pour de l'or. Autrefois je tâchais d'exercer ce salutaire trafic en m'occupant tout entier de la prière et de la fréquentation des sacrements; mais cela ne suffisait pas, et je gâtais tout par ma tiédeur : aujourd'hui j'espère suppléer à ce défaut par le martyre.... »

» Souvenez-vous de ce que nous avons dit souvent dans nos conférences : négliger les biens du ciel pour acquérir ceux de la terre, c'est renverser l'ordre naturel des choses; or l'homme sage, et surtout le chrétien, est ami de l'ordre. A coups de ciseaux, avec une pierre brute, on fait une pierre propre à bâtir : avec le feu et le marteau on donne au fer la forme convenable. — Jésus-Christ, pour construire l'édifice spirituel de son Eglise, a usé des mêmes procédés ; c'est par le feu des tribulations qu'il a éprouvé et sanctifié ceux dont il s'est servi comme base et fondement. Montrons-nous dignes d'être de ce nombre ; si Dieu n'avait pas dessein de nous couronner, il n'aurait pas permis que nous fussions attaqués. Quant à moi, depuis mon arrivée ici, j'ai dû essuyer bien des assauts ; on me représentait ma naissance, ma jeunesse, mes services, mes devoirs envers mes enfants, et les redoutables dangers auxquels je m'exposais : jugez si n'ayant personne près de moi pour me soutenir et me fortifier, je n'ai pas eu besoin d'une assistance toute spéciale du Seigneur ! Enfin, depuis quelque temps, on me donne plus de repos, et on semble désespérer de me vaincre.... Mais ce n'est pas assez d'avoir une ou deux fois remporté la victoire; pour obtenir la récompense il faut persévérer jusqu'à la fin. Ne vous lassez donc pas de demander pour vous et pour moi cette sainte persévérance. »

La seconde lettre fut adressée au provincial des Jésuites :

« J'ai reçu de votre paternité plusieurs lettres remplies d'une sagesse toute divine, et nous en avons tous été merveilleusement encouragés à la constance. Grâces infinies soient rendues au Souverain du ciel et de la terre! rien n'a encore été capable d'ébranler ma foi. Je fais à mon Dieu, du meilleur de mon cœur, le sacrifice de mes biens, de ma femme, de mes enfants, de ma vie; je reconnais même avec sincérité que ce sacrifice de tout ce que je suis, de tout ce que je possède, est l'ouvrage de la grâce beaucoup plus que le mien, et bien loin de vouloir que Dieu m'en sache aucun gré, je lui en suis obligé comme d'une des plus grandes faveurs dues à sa libéralité.... Il y a longtemps déjà, réfléchissant à la multitude de mes péchés, je me disais qu'il m'était presque impossible de me sauver si ce n'est par la voie du martyre. Grâce à Dieu, me voici dans cette voie, la plus sûre pour aller au ciel, et, depuis tant d'années, l'objet de tous mes vœux.... »

Bientôt trois navires, chargés des nobles japonais, et de religieux augustins, dominicains, franciscains et jésuites, transportèrent tous ces exilés à Manille et à Macao. Le bateau faisant voile vers les îles Philippines portait le général Ucondono, le plus grand guerrier du Japon, celui dont le secours, en temps de guerre, était préféré à celui d'une armée de vingt mille hommes. Un mois après son arrivée à Manille (5 février 1615), cet intrépide confesseur de la foi rendait sa belle âme à Dieu. Ses dernières paroles doivent trouver ici leur place :

« Je ne recommande ma famille à personne ; comme moi, elle a l'honneur d'être proscrite pour la foi, cela peut suffire.... Quelle différence entre le service des hommes et le service de Dieu! Toute ma vie, et depuis ma plus tendre enfance, je me suis battu pour les souverains de mon pays, j'ai blanchi sous le casque, j'ai plus souvent endossé la cuirasse que la robe de soie, mon épée n'est pas restée dans le fourreau tant que j'ai eu l'occasion de la tirer: quel fruit ai-je recueilli de tant de travaux? Vous le voyez. Mais à défaut des hommes, j'ai trouvé Dieu; dans le temps de ma plus haute fortune, ai-je été plus honoré et mieux pourvu qu'ici? et qu'est-ce que cette prospérité passagère en comparaison de ce qui nous attend dans l'éternité? Aussi je ne veux pas voir couler de larmes, si ce c'est des larmes de joie.... Il faut me féliciter et ne pas me plaindre. Quant à moi, je ne saurais m'apitoyer sur votre sort, puisque je vous laisse à la garde d'un Dieu dont la bonté ne connait pas de bornes. »

Après les plus solennels obsèques, les services et les éloges prononcés en chaire se succédèrent en l'honneur de ce grand homme, et sa biographie fut écrite afin de satisfaire la pieuse curiosité des fidèles.

Pendant que les uns mouraient sur la terre étrangère pour expier le crime d'avoir aimé par-dessus tout la vérité, les autres étaient condamnés aux humiliations, aux tortures et au supplice du feu.

Le royaume encore tout chrétien d'Arima avait échappé au jeune prince dont les lâches et criminelles complaisances avaient recueilli leur juste récompense. Ce roi avait excité parmi ses sujets une telle horreur, qu'il avait été réduit à s'éloigner de ses états, en acceptant une position bien inférieure à celle dont il avait fait un si mauvais usage. Son successeur fut Fascengava, le barbare gouverneur de Nangasaki; et ce farouche tyran n'accorda plus aux chrétiens ni trêve ni merci.

Une armée de dix mille hommes fut mise en campagne dans le pays, avec mission d'exterminer les chrétiens. Les satellites formaient dans les villes des enceintes de palissades, où ils précipitaient la foule des fidèles. Là, des bourreaux les foulaient aux pieds, les accablaient de coups, brisaient leurs jambes avec des pieux de bois. Mais l'horreur des tourments semblait augmenter l'énergie des martyrs. L'ouvrier courageux ne regarde pas à sa peine quand il compte sur un salaire qui portera l'abondance dans sa famille; le navigateur ne s'effraie pas des fureurs de l'Océan quand il espère illustrer son nom par une heureuse découverte; le soldat n'a peur ni de la mitraille ni des boulets quand il s'agit de défendre le morceau d'étoffe qui s'appelle le drapeau de sa nation. Les martyrs sont tout à la fois des ouvriers qui travaillent à la vigne du Père céleste, des marins qui naviguent sur une mer orageuse, et des guerriers qui défendent l'étendard de la foi ; leur vaillance surhumaine ose entreprendre et sait endurer, parce qu'elle connait le prix réservé à la victoire.

Lorsque les magistrats, fatigués de torturer les victimes, les envoyaient à la mort, de longues processions, analogues à celles dont nous avons déjà parlé, accompagnaient ceux qui allaient aux derniers supplices, pour les honorer et recueillir leurs dernières paroles. Car les martyrs parlaient du haut de leurs croix ou de leurs bûchers; et leurs exhortations, fortifiées par le sacrifice de leur vie, communiquaient aux néophytes un surcroît de constance et de générosité.

Les actes des martyrs japonais, envoyés en Europe, émurent les peuples et suscitèrent de nouvelles vocations religieuses. Les princes catholiques abandonnèrent la cause de leurs sujets, sacrifiés par un despote barbare : mais l'Eglise n'oublia pas ses enfants. Elle recueillit leurs restes dans l'or et dans la soie; elle inscrivit leurs noms au catalogue des saints, et envoya des soutiens, des consolateurs aux chrétientés persécutées. Non-seulement les religieux, bannis du Japon avec le costume de leur ordre, y revinrent en grande partie, déguisés en soldats, en matelots ou en esclaves, mais ils amenèrent de nouveaux apôtres, attirés par la perspective du martyre. Le plus illustre fut Charles Spinola. Destiné par sa naissance et son mérite personnel aux grandes charges de l'Etat ou aux premières dignités ecclésiastiques, il entra dans la Compagnie de Jésus, et se déroba aux vives instances de sa famille, pour aller mourir avec ceux qui avaient de si rudes épreuves à supporter. Une fois en route, il eut bien des difficultés à vaincre avant de parvenir au Japon; le bâtiment qui le transportait vers de si lointains rivages, fut rencontré et capturé par un corsaire anglais. Ce corsaire s'empara du religieux et le jeta dans un cachot : la maladie vint ensuite paralyser la volonté de l'apôtre, mille traverses se succédèrent; mais son énergique résolution parvint à triompher de tous les obstacles, et il put enfin se dévouer à ces peuples désolés qui lui inspiraient une si profonde sympathie. Pendant seize ans il servit avec un enthousiasme toujours égal à lui-même la justice et la vérité; il entreprit des travaux accablants, et fut chargé de diriger les missions après la mort de l'évêque. Puis il fut arrêté et condamné à mort avec vingt-trois religieux : il expira dans les flammes, ainsi qu'un certain nombre de fidèles, au milieu d'une foule immense accourue de toute part, et à laquelle il adressa une dernière fois la parole de vie.

La veille de sa mort il écrivit à ses parents et à ses amis des lettres qui rappellent les épîtres des premiers apôtres.

Du haut de son bûcher, parmi les femmes et les enfants désignés pour partager son sort, il aperçut Isabelle Fernandez, la femme du Portugais chez lequel il avait été arrêté ; il se souvint alors d'y avoir baptisé quatre ans auparavant, sous le nom d'Ignace, un petit enfant, né le jour de la fête du saint fondateur de sa compagnie, et lui en demanda des nouvelles.

« Où est Ignace, qu'en avez-vous fait? »

Aussitôt Isabelle soulève son fils, et le montre couvert de ses plus beaux vêtements :

« Le voilà, mon père, il se réjouit de mourir avec vous [1] ! »

Puis, s'adressant à Ignace :

« Regarde celui qui t'a fait enfant du bon Dieu, et implore sa bénédiction pour nous. »

L'enfant se met à genoux, joint pieusement

[1] Un tel amour de Dieu dans un âge si tendre ne doit pas étonner. Dès qu'un rayon de lumière a pénétré dans une âme, et qu'elle peut aimer quelque chose, elle est capable de connaître et d'aimer Dieu.

ses mains ; et le glorieux apôtre bénit le vaillant petit martyr.

A la suite de ce grand confesseur de la foi, nous devons citer les PP. de Costanzo, Carvailho, Mastrilli, Maczinosky, Pacheco, appartenant aux plus grandes familles d'Italie, de Pologne, de Portugal, qui avaient renoncé à toutes les séductions de la vie pour venir au secours des Japonais et mourir avec eux du supplice des esclaves ; puis les PP. Quimura, Jérôme des Anges, Moralès, Pierre d'Avila, Vieyra, et tant d'autres, religieux, étrangers et prêtres japonais ; avec eux un nombre immense de chrétiens, de tout sexe, de tout rang, depuis le berceau jusqu'à l'extrême vieillesse, qui scellaient de leur sang leur union avec Jésus-Christ.

Comme le fer et le feu ne parviennent pas à exterminer la noble race des chrétiens, les bourreaux imaginent des tortures nouvelles. Tantôt ils plongent les serviteurs de Dieu dans des bains de glace, les retirent pour allonger le temps de leurs souffrances, et les plongent encore dans les fleuves glacés; tantôt ils cassent leurs dents à coups de cailloux, impriment sur leurs fronts avec un fer rouge le signe de la croix, leur crèvent les yeux, brisent leurs membres en chargeant leurs reins de grosses pierres, ou en les élevant au-desus du sol, et en les faisant ensuite retomber à terre; d'autres fois ils leur coupent les jambes, et les obligent à monter certains degrés, infligeant à leur chute de rudes bastonnades : ils les suspendent encore, la tête la première, dans des puits, ou bien ils les descendent dans les cratères du mont Ungen [1], qui vomissent des flammes des eaux sulfureuses bouillonnantes et des exhalaisons si infectes que les animaux ne peuvent guère en approcher sans y trouver la mort, et ils s'arrangent pour prolonger les supplices jusqu'à douze ou quinze jours. Pour

[1] Le mont Ungen est situé à une petite distance de Nangasaki.

tout dire en un mot, depuis les premiers temps du christianisme, jamais on n'avait vu des persécutions plus longues, des tourments plus horribles, des martyrs plus héroïques et plus nombreux; jamais la foi n'avait suscité plus de vertus et de dévouements!

Malgré la violence et les barbares raffinements de la persécution, les chrétiens étaient encore nombreux en 1638. Ils affluaient surtout dans le royaume d'Arima. Là, trente-sept mille hommes, exaspérés par l'excès de la cruauté, se révoltèrent contre leurs oppresseurs et s'emparèrent de la forteresse de Ximabara. Mais bientôt cette place de guerre fut assiégée par la redoutable armée impériale, aidée d'un navire hollandais dont l'artillerie vint foudroyer les assiégés.

Comme récompense de ce service, la marine hollandaise obtint à peu près le monopole du commerce qu'elle sollicitait depuis longtemps de l'empereur du Japon. Les Portugais, désormais relégués dans une petite île située à l'embouchure du port de Nangasaki, dûrent subir, pour continuer leur négoce, les conditions les plus humiliantes; ils essayèrent de s'y soustraire, et en 1640, le vice-roi des Indes envoya dans ce but au Japon une ambassade composée de quatre personnages très-considérables de Macao, qui s'offrirent d'eux-mêmes à cette périlleuse entreprise. Mais à peine arrivés, ils sont gardés à vue, malgré leur caractère d'ambassadeur, considéré comme sacré; puis on leur donne lecture de l'édit impérial qui oblige les étrangers à fouler aux pieds les images de Jésus-Christ, de la sainte Vierge, des saints, et comme ils sont bien décidés à ne pas commettre pareil sacrilége, le magistrat leur notifie qu'ils sont condamnés à mort. Il y avait soixante-quatorze personnes sur le bâtiment; treize seulement sont épargnées, avec l'injonction de partir sans retard, et d'aller dire à leurs compatriotes le sort réservé aux étrangers assez téméraires pour vouloir pénétrer dans l'empire japonais.

Les condamnés furent conduits sur la sainte montagne, arrosée, quarante ans auparavant, par le sang des vingt-six martyrs. Ils y allèrent en chantant à haute voix les louanges de Dieu, et en le remerciant de les appeler à l'honneur de mourir pour Jésus-Christ. Après l'exécution, l'officier chargé de surveiller l'embarquement des graciés leur dit : « Vous pourrez rendre témoignage que ceux-ci sont morts pour leur religion, et qu'ils n'ont pas été moins courageux que ceux qui jusqu'ici ont sacrifié leur vie à la même cause. »

Sur le lieu même du supplice, un poteau fut élevé, et on y lut l'inscription suivante : « Tant que le soleil éclairera le monde, que personne ne se permette de venir au Japon, même en qualité d'ambassadeur, excepté ceux à qui le commerce sera permis par les lois. »

A partir de cette époque, les navires portugais refusèrent de transporter les missionnaires, d'encourir ainsi d'inutiles dangers, et de s'exposer à une perte presque certaine. Un petit nombre de prêtres presque tous indigènes entretenaient encore au prix de mille privations les dernières étincelles du feu sacré. Mais ce clergé n'avait ni catacombes pour abriter les fidèles, ni évêques pour ordonner de jeunes lévites; en sorte que les vétérans mouraient sans avoir la consolation de laisser des héritiers de leur auguste ministère.

En 1666, une commission fut instituée dans toutes les villes et dans tous les villages de l'empire pour s'informer de la religion de chaque famille et s'assurer de son retour au culte des idoles. En même temps il fut interdit aux Japonais de voyager à l'étranger, sous quelque prétexte que ce pût être, et la défense de quitter le pays eut pour sanction la peine de mort.

Ainsi s'éteignit presque entièrement ce foyer de lumière et de vie morale qui avait éclairé le Japon. Ainsi disparurent, après des persécutions plus barbares que celles de Néron et de Dioclétien, des chrétientés très-florissantes; et là où elles ont pratiqué la justice, la charité, le détachement et l'humilité, il existe maintenant des populations livrées au culte de la matière, à la tyrannie de l'orgueil et à l'asservissement des plus honteuses passions. Mais les généreux chrétiens, tombés sous les coups des bourreaux, brilleront un jour de l'éclat d'une gloire impérissable, leur chair réduite en poussière ressuscitera revêtue d'une immortelle beauté, et les yeux de leur corps verront le Seigneur Jésus : dès maintenant leurs âmes ravies, contemplant avec délices les perfections infinies du Sauveur, jouissent de sa divine compagnie, en goûtant un bonheur sans mélange comme sans limite. D'ailleurs, grâce à leur puissante intercession, le flambeau de la vraie foi n'a pas cessé de briller aux yeux de bon nombre d'âmes restées fidèles. Des nouvelles récentes et authentiques nous en apportent la consolante assurance.

Depuis 200 ans, les apôtres de la vérité n'ont pas renoncé à pénétrer de nouveau dans l'empire japonais ; ils ont répété leurs généreuses tentatives chaque fois que l'occasion leur a été offerte, et plusieurs ont mis le pied sur cette terre arrosée du sang d'un million de saints. Nous ignorons les résultats de leur héroïque labeur ; nous savons seulement que leur dévouement n'a pas été stérile, et que presque tous ont cueilli sur ce sol barbare la palme du martyre.

Au commencement de ce siècle, un navire japonais fit naufrage sur les côtes des îles Philippines. Une partie de l'équipage put atteindre le rivage, et demanda l'hospitalité aux catholiques. Ceux-ci les traitèrent avec une grande bonté, et remarquèrent sur leur poitrine des médailles et d'autres objets de piété qu'ils avaient reçus de leurs ancêtres.

Les naufragés étaient vingt; dix-sept, après avoir reçu l'instruction suffisante demandèrent le baptême, en assurant que leurs compatriotes n'avaient pas oublié le Christianisme et qu'ils désiraient le retour des missionnaires. Des secours abondants leur ont permis de retourner dans leur patrie, où ils sont allés publier les bienfaits de la charité.

En 1838, un adroit catéchiste a pu pénétrer dans ce pays, et déposer dans un certain nombre d'âmes les précieux germes de la foi.

Jusqu'à ces derniers temps, les Hollandais avaient conservé le monopole du commerce avec le Japon : mais les traités de 1854 et 1858 ouvrirent aux Français, aux Anglais, aux Américains et aux Russes les trois ports de Nangasaki, Yokohama et Hakodati.

Il y a peu d'années, un missionnaire amenait à Rome un jeune catéchumène japonais qui recevait dans la capitale du monde chrétien le Baptême, l'Eucharistie et la Confirmation.

En 1861, eut lieu à Yokohama la bénédiction de la première église qui fut élevée dans l'empire du Soleil levant depuis la persécution du dix-septième siècle [1], Ce pieux édifice, qui associe des ornements gothiques au style original des temples du pays, est surmonté d'une croix dorée, et présente à l'intérieur une série de tableaux chargés d'exposer l'abrégé et les principaux mystères de la religion.

L'année suivante (1862), on inaugurait sa première cloche. Un vieillard de soixante-seize ans y vint souvent à pied, d'une distance de deux lieues, pour y recevoir l'instruction chrétienne. Les Japonais y accouraient en foule, des provinces les plus reculés; il en arrivait jusqu'à mille par jour, et l'église ne désem-

[1] Admis à exercer le culte pour leurs coreligionnaires, les missionnaires reçoivent défense expresse de s'entretenir avec les indigènes.

plissait pour ainsi dire pas. Les missionnaires, armés de la parole de vie, commençaient à semer la paix et la joie dans les âmes; mais les défenseurs des idoles ne tardèrent pas à s'émouvoir; et des agents de police, placés à la porte du sanctuaire, se saisirent de ceux qui avaient assisté au sermon, les garrottèrent et les jetèrent en prison.

En 1863, un missionnaire apostolique célébrait les saints mystères à Nangasaki, dans le grand salon du consul de France, et adressait à l'assistance une touchante exhortation. Depuis cette époque, un terrain a été acheté non loin de la sainte colline, théâtre des crucifiements, et appelée de nos jours *tato-yama* (montagne de ceux qui furent élevés). Sur cet emplacement, il s'est construit, en moins de deux ans, un temple que tous admirent et qui attire beaucoup de visiteurs.

La Providence s'est servie de ce nouveau sanctuaire pour amener la découverte de nombreuses chrétientés japonaises maintenues dans l'intégrité de la foi par la puissance de la tradition. Les premiers fidèles qui revélèrent leur existence habitaient un village voisin de la ville et composé de treize cents catholiques.

Nous reproduisons ici quelques-uns des touchants détails insérés dans les Annales de la propagation de la foi (mars 1868).

« Le 17 mars 1865, dit Mgr Petitjean [1], vers midi et demi, une quinzaine de personnes se tenaient à la porte de l'église. Poussé sans doute par mon bon ange, je me rends auprès d'elles et leur ouvre la porte. J'avais à peine eu le temps de réciter un *Pater,* que trois femmes de cinquante à soixante ans s'agenouillent près de moi, et me disent la main sur la poitrine et à voix basse : « Notre cœur, à nous tous qui sommes ici, ne diffère point

[1] Mgr Petitjean était alors missionnaire: il est maintenant évêque du Japon.

du vôtre. — Vraiment! mais d'où êtes-vous donc? » Elles me nomment leur village, et ajoutent : « Chez nous, presque tout le monde nous ressemble. » Soyez béni, ô mon Dieu, pour tout le bonheur dont mon âme fut alors inondée. Quelle compensation des cinq années d'un ministère stérile ! A peine nos chers Japonais se sont-ils ouverts à moi, qu'ils se laissent aller à une confiance qui contraste étrangement avec les allures de leurs frères païens. Il faut répondre à toutes leurs questions, leur parler de *o Deous sama*, *o Yoso sama*, *santa Maria sama*, noms par lesquels ils désignent Dieu, Notre-Seigneur Jésus-Christ, la sainte Vierge [1]. La vue de la statue de Notre-Dame avec l'Enfant Jésus leur rappelle la fête de Noël, qu'ils ont célébrée au onzième mois, m'ont-ils dit. Ils me demandent si nous ne sommes pas au dix-septième jour du temps de tristesse (carême). Saint

[1] En japonais le mot *sama* signifie roi, souverain.

Joseph ne leur est pas non plus inconnu; ils l'appellent le père adoptif de Notre-Seigneur: *O Yaso samano yo fou.* — Au milieu des questions qui se croisaient de toutes parts, un bruit de pas se fait entendre : tous aussitôt de se disperser! Mais, dès que les nouveaux arrivants sont reconnus, tous accourent en riant de leur frayeur. — « Ce sont des gens de notre village. Ils ont le même cœur que nous. »

Dès les premiers jours de mai, les missionnaires apprennent que deux mille cinq cents chrétiens sont disséminés dans les environs de Nangasaki. Le 15 mai viennent les députés d'une île peu éloignée. Leur catéchiste, nommé Pierre, apporte les plus utiles renseignements.

« Sa formule de baptême ne diffère pas de la nôtre, dit Mgr Petitjean, et il la prononce très-distinctement. Il reste encore, affirme-t-il, beaucoup de chrétiens dans tout le Japon, un peu partout. Il me cite en particulier un point où sont groupées plus de mille familles chrétiennes. Il nous interroge ensuite sur le grand chef du royaume de Rome, dont il désire savoir le nom. Lorsque nous lui disons que l'auguste vicaire de Jésus-Christ, le saint pontife Pie IX, sera bien heureux d'apprendre les consolantes nouvelles que lui et ses compatriotes chrétiens viennent de nous donner, Pierre laisse éclater toute sa joie. Et néanmoins avant de nous quitter, il veut s'assurer encore si nous sommes bien les successeurs de leurs anciens missionnaires. « N'avez-vous point d'enfants? nous demande-t-il d'un air timide. — Vous et tous vos frères chrétiens et païens du Japon, voilà les enfants que le bon Dieu nous a donnés. Pour d'autres enfants, nous ne pouvons pas en avoir; le prêtre doit, comme vos premiers apôtres, garder toute sa vie le célibat. »

A cette réponse, Pierre et son compagnon inclinent leur front jusqu'à terre, en s'écriant :

« Ils sont vierges. Merci ! merci !.... »

Les députations se succèdent; elles viennent de vingt, trente, quarante et cinquante lieues; l'une d'elles annonce une chrétienté de sept à huit mille fidèles. Un baptiseur sollicite un chapelet et une discipline pour se frapper quand il demande à Dieu le pardon de ses fautes. Il résulte de tous les documents recueillis, que les Japonais catholiques font le signe de la croix, savent et récitent l'oraison dominicale, le salutation angélique, le décalogue, le symbole des apôtres, le *Confiteor,* l'acte de contrition : ils connaissent les sacrements et les grandes vérités du salut; ils possèdent des statues et des images de Notre-Seigneur, de la sainte Vierge et des saints, et sont pénétrés de trois principes de l'enseignement catholique qui sont directement opposés aux erreurs protestantes : 1° la primauté du Saint-Siége; 2° le célibat ecclésiastique; 3° le culte de la sainte Vierge.

Leurs premières questions portent sur ces trois points; et aux réponses qui leur sont faites, ils reconnaissent les missionnaires pour des pasteurs légitimes.

Mais un bras de fer retient les foules et comprime l'élan qui les porte vers la vérité. A l'heure où nous écrivons cette histoire, plus de cent chrétiens emprisonnés se meurent de privations et de souffrances, pour expier le courage de savoir préférer la vérité à l'erreur, la loi de Dieu aux iniques proscriptions des tyrans. L'Eglise les soutient et les fortifie dans une persévérance dont le ciel sera le prix; elle n'oublie aucun de leurs mérites et ne veut perdre aucune occasion de les honorer: aussi, le 7 juillet 1867, fut-elle heureuse de pouvoir béatifier deux cent cinq Japonais morts pendant les persécutions de 1617 et de 1632. Ces bienheureux appartiennent à tous les âges et à tous les rangs. Beaucoup de leurs noms sont inconnus; plusieurs furent portés

par des religieux qui affrontèrent les supplices à la tête de leurs troupeaux. Tels sont entre autres : Alphonse Navarette, dominicain, Pierre d'Avila, franciscain, Pierre de Zuniga des Ermites, et enfin Charles Spinola dont nous avons raconté l'héroïque dévouement.

A propos de cette béatification, Pie IX disait :

« Quand, il y a quelques années, d'autres martyrs du même pays furent inscrits au catalogue des saints, on trouva au Japon des milliers de chrétiens conservés dans leur foi, sans aucun ministère humain, par leurs bons anges tutélaires. Espérons que cette nouvelle cohorte de martyrs produira, elle aussi, de nouveaux fruits en faveur de la religion catholique. »

Il y a donc encore au Japon grand nombre d'adorateurs du vrai Dieu, qui servent Jésus-Christ dans le secret de leurs cœurs, et lui demandent des apôtres pour effacer leurs péchés, fortifier leur faiblesse, consoler leur douleur [1].

Les vœux offerts à Dieu par les ancêtres martyrs seront un jour exaucés. Rien n'est encore changé dans la situation religieuse des Japonais. Mais, depuis les récents traités de commerce, deux éléments se rencontrent et se heurtent plus que jamais dans cet empire. Il y a d'une part les traditions d'un despotisme tyrannique, gouvernant à l'aide d'un mécanisme grossier, qui commence à s'user; de l'autre, il faut compter avec un courant européen qui, grossissant chaque année, apporte des idées d'indépendance avec le goût du confortable et la passion des richesses. Déjà les

[1] Un prince japonais, rencontrant, il y a peu d'années, un missionnaire, lui a, dit-on, demandé le baptême; et comme le religieux s'informait des voies mystérieuses par lesquelles la vérité s'était fait connaître à cette âme si digne de l'embrasser, le néophyte aurait répondu: « Ce sont les *Etudes sur le Christianisme* par M. Nicolas, qui m'ont instruit. » Cette nouvelle victoire n'aurait rien d'étonnant de la part d'un livre qui a déjà éclairé tant de consciences et qui attire encore chaque jour à son éminent auteur tant de sympathies et de reconnaissantes prières.

marchands indigènes, arrivant plus vite à la fortune, osent éluder les lois somptuaires chargées de régler les moindres détails de la vie, et la classe supérieure craint d'être supplantée par la bourgeoisie; s'appuyant sur le mikado dont elle essaie de ressusciter l'antique autorité, elle voudrait enrayer le mouvement. Jusqu'à ces derniers temps, ses efforts avaient échoué contre la volonté du taïkoun, qui s'est servi de ses alliances avec l'étranger pour accroître son autorité aux dépens de l'aristocratie. Toutefois, de ces deux intérêts opposés il est résulté des conflits et des discordes intestines dont nous ne pouvons pas encore prévoir les conséquences. On assure que le taïkoun, battu par les daïmios, a été contraint d'abdiquer; et on dit tout récemment que son frère, à la tête de troupes importantes, a battu plusieurs fois près de Yédo les troupes du mikado. Quoi qu'il en soit de ces nouvelles, on comprend que les innovations déjà introduites au Japon doivent modifier la condition politique de ce pays. De tous côtés les barrières s'abaissent, et le temps n'est peut-être pas très-éloigné où les Japonais pourront enfin jouir de la liberté de conscience. C'est alors que les ordres religieux renouvelleront en leur faveur les anciens prodiges de zèle et de dévouement; car la religion catholique n'a rien perdu de sa divine puissance; elle inspire toujours à une foule d'âmes les fortes résolutions, les féconds sacrifices. « Et jamais, dit un illustre écrivain [1], depuis que le Christianisme existe, ces sacrifices n'ont été plus nombreux, plus magnanimes, plus spontanés qu'aujourd'hui. »

[1] Le comte de Montalembert, de l'Académie française : *les Moines d'Occident*, tome v^e^, page 377.

FIN

TABLE

— LILLE. — TYP. J. LEFORT. MDCCCLXVIII. —

www.ingramcontent.com/pod-product-compliance
Ingram Content Group UK Ltd.
Pitfield, Milton Keynes, MK11 3LW, UK
UKHW020111200726
13856UKWH00002B/488

9 782011 790378